On Battle Command　范瑞洲　著

指挥学博士论作战指挥

中国长安出版传媒有限公司
中国长安出版社

图书在版编目（CIP）数据

指挥之道 / 范瑞洲著 . — 北京：
中国长安出版传媒有限公司，2023.9
ISBN 978-7-5107-1111-4

Ⅰ.①指… Ⅱ.①范… Ⅲ.①作战指挥－研究
Ⅳ.① E141.1

中国版本图书馆 CIP 数据核字（2022）第 253702 号

指挥之道

范瑞洲◎著

出版发行	中国长安出版传媒有限公司 中国长安出版社
社　　址	北京市东城区北池子大街 14 号（100006）
网　　址	http://www.ccapress.com
邮　　箱	capress@163.com
责任编辑	李　涛
电　　话	（010）66529988-1323/1329
印　　刷	唐山玺诚印务有限公司
开　　本	710 毫米 ×1000 毫米　1/16
印　　张	16
字　　数	230 千字
版　　次	2023 年 9 月第 1 版
印　　次	2023 年 9 月第 1 次印刷
书　　号	ISBN 978-7-5107-1111-4
定　　价	81.00 元

为指挥做点什么

人的一生非常短暂，这一辈子总要做点什么。

2021年夏，作为优秀博士毕业生代表，我在国防大学博士研究生毕业典礼暨学位授予仪式上发言："作为国防大学的一粒种子，即使撒在天山也要盛开为雪莲；作为国防大学的一点薪火，无论遇到再大的风浪也要生生不灭。"这份承诺是对母校光环和栽培的立言，是对党和军队事业的期许，是对自己良知和灵魂的安放。

回忆过往，我从一个小时候吃不饱饭、穿不好衣的贫困农村孩子，到不交一分钱陆续完成本科、硕士研究生、博士研究生学业，而且每日自助餐、衣服（常服、迷彩服、体能训练服等军装）可以换着穿的今天，对于党和军队，除了心存感恩，还是心存感恩……

从读军校的那一刻起，我就时刻鞭策自己："人生可以平凡，但绝对不能平庸，更不能无为。"从迈入全军最高军事学府国防大学，成为全军作战指挥领域知名专家郭武君教授的学生时，我就反复告诫自己："虽然自己是一个凡夫俗子，但党、国家和军队花这么大成本培养自己，一定要在领域内做点什么、留点什么，对党、国家和军队有所贡献。"

人生无常，谁能说好明天的事。只要有利于强军兴军，做什么都是奉献、都是有价值的。博士毕业后，由于没有直接从事作战指挥研究工作，我心生一种莫名的不安——生怕对作战指挥研究的那份执着、那份热爱、那份冲动，随着时间的流逝和岗位的变迁而消磨，生怕脑子里对作战指挥那点本来就少得可怜的"思索"因他物的冲挤而荡然无存……因此，为了不负博士毕业典礼上的承诺，为了尽可能多地回馈党和军队的培养，为了给自己的思想找到一块安放的乐土，在完成现有工作的同时，我从来没有放松对作战指挥理论与实践问题的关注和思索。

客观地讲，当前我军作战指挥的基本理论体系已经十分成熟，军队层面关于作战指挥的条令、规范、教材也已相当完备，自认为实在没有必要耗尽心力撰写一本对人才培养、军队建设和指导作战多之无用、少之也可的"教材式"文献。另外，我实在不愿拿前人的研究成果反复"炒剩饭"。并且，自知学识浅薄，如果从应用角度来说，我无意也没有能力超越前人的已有成果；自己虽有几年部队工作经历，但作为一名从来没有上过战场的院校教员，也实在不敢妄谈部队作战指挥实践。

因此，本书不是一本能够直接用于破解现实问题、规范作战指挥活动、指导部队作战行动的应用性文献，其体系性可能没有现有指挥类教材那么完善，其现实应用性可能还不及一本普通自编教材。本书的基本定位是基础理论研究，但不是对现有作战指挥基础理论知识体系的打包组合或简单翻新，也不是对现有作战指挥基础理论的颠覆和重构，而是基于现有作战指挥基础理论，对作战指挥的本质、属性、特点、方法、实践、发展、价值等圭臬性问题的个性化认识和深层次思辨。本书研究目的不在于统一理论认知，也不在于破解现实问题，而在于探索和揭示作战指挥内在的、本质的、必然的联系，在于引发人们深度思考作战指挥的逻辑本源问题，在于为人们深度认识作战指挥提供一种可供参考的思想武器。

当今时代，除了武器装备这一有形武器，军人尤其是指挥员还需要掌握两大无形武器：一是科学技术，二是哲学。科学技术是物质武器，哲学是思想武器。如果说我前期出版并反响较大的《科学技术进步与作战指挥变革》是从科学技术视角对整个作战指挥变革进行全方位和逻辑性挖掘，那么这本《指挥之道》则是从哲学视角对作战指挥进行二次挖掘和底层思辨，是《科学技术进步与作战指挥变革》的姊妹篇。当然，哲学视角的思辨并非一定是哲理，但本书所有内容都是我长久思索和沉淀的结晶。当然，"结晶"的质地和成色需要读者鉴定，需要时空淘沙。

也许本书的主题和定位不像当前很多前沿性、热点性话题那么风靡一时，但越是基础性、越是逻辑性的思想产品，放置越久，越是甘醇，越是弥香，我坚信它的生命力会随着时空的拉长而愈加彰显和持久。另外，由于个人认识还非常浅薄、阅历还非常不足，对很多问题还是一知半解，恳请业内专家、部队指挥员及相关读者批评斧正。

2023 年 6 月于徐州

目　录

目　录

第一章

作战指挥本质论

西方兵圣克劳塞维茨说："任何理论首先必须澄清杂乱的、可以说是混淆不清的概念和观念。只有对名称和概念有了共同的理解，才可能清楚而顺利地研究问题，才能同读者常常站在同一立足点上。"[1] 关于作战指挥的概念，《军语》《中国军事百科全书·军队指挥分册》以及王光宙编著的《作战指挥学》与杨金华编著的《作战指挥概论》等均有详细阐述，虽表述不尽一致，但核心内涵基本一致：作战指挥是军队指挥员及其指挥机关对所属力量实施作战行动进行的特殊组织领导活动。既然军事领域界的先辈们已经给出多种虽然略有差别但相对规范的定义，那么我不愿而且认为实在没有必要花费过多时间与精力对作战指挥的概念做一些毫无意义的文字上的雕琢与修饰。作战指挥的本质是作战指挥质的属性，内存于作战指挥的最底层，知道甚至对作战指挥的概念背得滚瓜烂熟，并不意味着一定真正深入理解作战指挥的本质，关键要看是否能够真正挖掘与提炼出作战指挥的底层逻辑。当然，正如一千个人眼中有一千个世界一样，每个人认识事物的视角不同，对事物的认知

1　［德］克劳塞维茨：《战争论》（第一卷），北京：解放军出版社，2004年，第97页。

也必然不同。虽然客观上讲作战指挥就是作战指挥，但是从不同视角折射出的作战指挥必然会呈现出不同的景象。那么，作为马克思主义唯物史观的坚定信仰者，从唯物论与辩证法的哲学视角究竟如何看待作战指挥呢？

思维活动与行为活动的统一

但凡是人的活动，都具有思想性与行为性两重属性。无论作战指挥机构的形态如何衍化，作战指挥说到底还是指挥员、指挥机关人员、指挥保障人员等的活动。从这个意义上讲，作战指挥活动自然符合人的活动的一般属性，即各类指挥人员思维活动与行为活动的统一。

一、思维活动是作战指挥的内在表现

生命体与非生命体的最大区别是：非生命体是物质元素的物理组合，是死的；生命体不是物质元素的简单物理组合，而是能够自我生长、自我衍化，是活的。

人与其他生命体的最大区别是：人脑的学习能力、思维能力远远高于其他生命体，人具有其他生命体无可比拟的思想性与能动性。

思想导控行动。夫未战而庙算胜者，得算多也；未战而庙算不胜者，得算少也。多算胜，少算不胜，而况于无算乎。

纵观古今中外所有战争，导致战争失败的因素有很多，但所有的胜战行动，无不注重作战谋划；战场上"挥左则左、挥

右则右、挥进则进、挥退则退"等所有千变万化的作战指挥活动的幕后之手，都是指挥人员的思想活动；伟大的名帅名将之所以能够演绎出美轮美奂的战争舞剧，根本上是因为他们具有精彩绝伦的战争剧本，是因为他们对作战行动有高超的思想设计，是因为他们思想上对所有作战行动早已胸有成竹。

孙武、毛泽东、拿破仑等军事巨人，必定首先是思想上的巨人，思想上的侏儒不可能演绎出令世人惊叹咋舌的战争史诗。

二、行为活动是作战指挥的外在表现

根据马克思主义唯物史观，社会活动是推动社会进步的根本动力。思想只有转化为行为，才能对外界产生作用，否则就是唯心论。再高超的作战思想只有物化为作战指挥活动，作用于作战指挥对象，才能生成与释放作战功效，否则就只能停留与"憋死"在指挥员的脑中。

侦察监视获取情况、分析判断定下决心、下达命令分配任务、拟制计划协同推演、临战准备战前动员、调兵遣将临机处置……所有这些行为活动都是作战指挥活动的具体体现。

猛将必发于卒伍，宰相必起于州郡。自古以来，但凡真正能够统兵征战的指挥将领，但凡能够成就伟业的军事统帅，不仅是思想家、理论家，更是实践家。

韩信经过低级武官、都尉的磨砺，才更加了解军情兵况，才能平三秦、擒魏、取代、破赵、胁燕、击齐、灭楚。毛泽东经过对中国革命国内国外形势的充分调查研究，才写出《中国革命战争的战略问题》这部指导中国革命战争的总纲，才能指导中国土地革命战争、抗日战争、解放战争不断走向胜利。当然，这也从侧面说明为什么那么多读过兵书的"高徒"，最后真正成为沙场名将的却屈指可数。

三、思维活动与行为活动互动的统一体

认识来源于实践，又服务指导于实践；实践受制于认识，又影响与改变着认识。

在"作战指挥思维活动—作战指挥活动—作战行动"这一闭合回路中，作战指挥思维活动导控作战指挥活动，作战指挥活动导控作战行动，作战指挥活动与作战行动结束后又反作用于作战指挥思维活动。作战指挥是作战思维活动、作战指挥活动、作战行动之间不断互动的过程。

宏观来看，不同时代、不同战场环境、不同战争样式、不同作战对手，需要不同作战指挥活动，也滋养与需要不同的作战指挥思想与作战指挥理论；不同的作战指挥思想与作战指挥理论，自然演绎不同的作战指挥活动与作战行动。

微观来看，对于任何一场战争，作战指挥活动都不是一劳永逸的，需要根据战场态势对作战决心适时动态调整，对作战力量与作战行动实时动态调整，作战指挥的魅力与奥妙也主要体现于此。当然，判断作战指挥是否高超，关键也是看指挥员对战场的思想认知与作战设计是否符合战场实际。

作战指挥内在呈现为运筹谋划的思维过程，外在呈现为指挥控制的行为过程。思维过程是筹划行为过程，行为过程是实现思维过程。作战指挥能力、作战指挥水平、作战指挥效能不

仅取决于思维力，也取决于行为力，取决于思维与行为的融合统一。"思维"与"实践"两种人类最高贵的特质在作战指挥上得到完美结合和充分体现。

探寻初始态势到预定态势的路径

任何事物都有一个不断发展变化的过程，战场态势符合事物发展的一般规律，也有一个不断发展变化的过程。作战指挥一直伴随战场态势发展变化过程的始终，也是驱动与主导战场态势发展变化过程的核心动力。从这个角度讲，作战指挥的过程就是探寻初始战场态势向预定战场态势转变的实现路径过程。

一、初始战场态势是作战指挥考虑的基点

初始作战态势是战争发起前敌我双方作战力量、作战部署、战场环境等各种战场状况的综合状态和形式，是作战指挥活动发起时已经存在的客观实际。

如果把作战指挥比喻成一个人，那么无论作战指挥是否愿意，初始战场态势就是其无法选择也必须正视的出生环境（从战略层面讲，前期布势也属于作战指挥活动的内在要义；但从战役尤其是战术层面讲，指挥员对于初始战场态势基本没有选择性）。

不知道现在在哪里，就不知道未来要到哪里去，更不会知道怎么去。

初始战场态势是作战指挥活动的逻辑起点，作战指挥的首

项任务就是正确认识初始战场态势，而且能否正确认识初始战场态势，在很大程度上也直接决定后续作战指挥活动的科学性与有效性。"知己知彼""洞察战场""分析判断情况"的意义就在于此；"指挥员的正确的部署来源于正确的决心，正确的决心来源于正确的判断，正确的判断来源于周到的和必要的侦察，和对于各种侦察材料的联贯起来的思索。"[1] 讲的也是这个道理。

当然，对初始战场态势的把握，不像 GPS 定位或数学中通过度量工具直接量取坐标那么简单。它是一个极其复杂、极其艰苦的过程，需要对敌情、我情以及地形、天候、社情等战场环境进行去粗取精、去伪存真、由此及彼、由彼及里地综合分析判断。

二、预定战场态势是作战指挥追求的目标

预定战场态势是指挥员通过作战指挥与作战行动，期望敌我双方作战力量、作战部署、战场环境等战场状况最终达成的综合状态和形式，是作战指挥活动努力实现的战场景象，是指挥员想要实现的作战企图。

任何活动只要有人的参与，就会变得有目的性、有方向性。所有的作战指挥活动都是围绕实现指挥员的作战企图而发起与组织的，作战指挥的目的就是实现指挥员的作战企图。也正是作战企图（或者说预定战场态势）牵引与规制着作战指挥活动的方向。

---

1 《毛泽东选集》（第一卷），北京：人民出版社，1991年，第179页。

目的越明确，行动就愈坚决。作战企图或要达成的预定战场态势越清晰，作战指挥活动就会愈有序、越果断、越有力；作战企图或要达成的预定战场态势越模糊，作战指挥活动就会愈无序、越迟疑、越无效。

作战手段制约作战目的的实现，也支撑作战目的的实现。作战目标或预定战场态势既不能制定得太高，脱离实际；也不能制定得太低，浪费作战资源与作战时机。

因此，预定战场态势绝对不是指挥员一厢情愿的幻想，而是对战略企图与初始战场态势审时度势之后的科学定位，也是一个极其复杂、极其艰苦的工作。

三、作战指挥就是两种态势之差的实现路径

事物的一种状态不会自然而然地转变为另一种状态，需要内因与外因的共同作用。初始战场态势向预定战场态势转变，当然也是诸多因素共同作用的结果。

我们无须也很难逐一数点其中的各个作用因素，但作战指挥无疑是其中的重要因素之一。

并且，从某种程度上讲，作战指挥是推动初始战场态势向预定战场态势转变的根本动力，初始战场态势向预定战场态势能否转变、如何转变主要取决于作战指挥。

作战指挥的过程，就是实现初始战场态势向预定战场态势转变的过程；作战指挥的目的，就是通过作战指挥活动生成预定战场态势与初始战场态势之间的态势差。

正如两点之间的路径从来不会只有一种一样，初始战场态

势向预定战场态势转变的路径肯定也不止一种。这也从另一个角度对多种作战方案存在的合理性进行了佐证。

当然，正如两点之间直线最短一样，初始战场态势与预定战场态势之间也必然存在一个最短路径（最优方案），优化作战方案与定下作战决心的过程，就是探寻初始战场态势与预定战场态势之间最短路径的过程。

影响作战态势的因子具有多样性、动态性与不确定性，所以由初始战场态势向预定战场态势的实现路径肯定不止一个。三等指挥员无法找到由初始战场态势向预定战场态势的正向实现路径，甚至找到的是反向路径；二等指挥员能够找到并适时动态调整路径，使初始战场态势向预定战场态势正向发展；一等指挥员不仅能够找到并适时动态调整初始战场态势向预定战场态势正向发展，而且找到的是最优路径。

需要注意的是，战争实践不是简单的数学问题，战场态势之间不是直线最短，两种战场态势之间的直线距离往往是最远距离；达成作战目标最直接的路径通常不是最优路径，作战指挥实践中最优的路径往往是间接路径、迂回路径。这一观点的正确性，英国军事思想家李德·哈特的《战略论：间接路线》有专门论述，在此不再过多阐释。

谋求主观指导符合客观实际

认识来源于实践，又作用指导于实践。这是认识与实践的一般辩证关系，当然也适用于作战指挥。从实践论的角度讲，作战指挥的过程就是正确认识战场客观实际，基于战场客观实际形成正确的主观指导，运用正确的主观指导作用于战场实际的过程。

一、分析判断情况的过程就是正确认识战场客观实际的过程

主观符合客观，客观决定主观。按照认识论的一般原理，对客观情况认识不清，不可能形成正确的主观认识。正如认识客观实际是形成主观指导的前提一样，分析判断战场情况也是作战指挥的第一链条。

能否获取全面准确的战场情况并进行准确分析判断，直接决定后续作战指挥活动能否顺利展开，也直接决定作战指挥活动的有效性。

具体来看，搜集敌情、我情、社情、作战地域地形、天候等战场情况的过程就是从不同视角对战场客观实际认识的过程，综合整理、分析判断战场情况的过程就是对战场客观实际形成全面正确认知的过程。对战场客观实际不了解、不掌握，谈作战指挥就是一句空话，不可能形成正确的主观指导。

二、定下作战决心的过程就是形成正确主观指导的过程

如前所述，正确认识客观实际是形成正确主观指导的前提和基础，形成符合客观实际的主观指导是认识客观实际的目的。但正确认识客观实际不等于形成了正确的主观指导，形成不了正确的主观指导，客观实际认识再深刻也毫无价值。

这一逻辑关系体现在作战指挥实践就是：客观认识与分析判断战场情况是定下作战决心的前提和基础，定下作战决心是客观认识与分析判断战场情况的目的，但客观认识与分析判断战场情况不等于定下作战决心，两者之间还有很长的一段路。

这就好比发现问题是一回事，但提出解决问题的方法、制订解决问题的方案则是另外一回事。具体来看，指挥员在得出战场情况综合分析判断结论之后（对战场客观实际得出正确认知之后），根据上级作战企图、本级作战任务，要确定主要作战方向和作战目标、作战力量使用建议、作战方法、指挥协同等所有这些都属于主观指导层面的内容。

另外，指挥员在定下作战决心（形成主观指导）中起着决定性作用，而不同的指挥员，其思维方式、指挥素养、行为习惯不同，这就决定定下作战决心的过程（形成主观指导的过程）具有很强的个性特色。这也再次印证了作战决心的主观属性，补强了定下作战决心与形成主观指导的同质关系。

三、指挥控制的过程就是运用正确的主观指导改变战场客观实际的过程

在"认识客观实际—形成主观指导—改造客观实际"这条链路中，形成正确主观指导不是终点，其根本目的在于改造客观实际。如果正确的主观指导无法作用于客观实际，无法改变客观实际，正确的主观指导就没有任何价值。

从一定意义上讲，作战指挥的过程就是定下作战决心与实现作战决心的过程。对于作战指挥，定下作战决心无疑非常重

要，但实现作战决心也非常重要。因为作战决心毕竟属于认识层面，不会直接产生实践功效。要想使其产生指挥效能与作战效能，还必须通过指挥实践活动作用于战场客观实际。

定下作战决心之后，为了确保作战决心的顺利实现，指挥员与指挥机关不仅要进行下达作战命令、控制作战行动、组织作战转换、调整作战决心、结束作战等战役指挥控制，也要区分陆上、海上、空中、常导、网电、太空支援等部队进行作战行动控制，还要进行陆战场、海战场、空战场、电磁等联合战场管制，以及运行流程、技术监控、指挥所勤务等指挥运行管控。所有这些指挥控制活动最终都会作用于战场客观实际，都是为了导控战场客观实际按照作战决心向预定战场态势方向发展转变。

理解了"客观决定主观，主观符合客观，主观改造并作用于客观"的辩证关系，就理解了作战指导和战场实际的逻辑关系，就把握了作战指挥过程的核心要义和精髓。

统一作战意志与实现作战意志

理解作战指挥的角度有很多。如果从思想认识产生的本源与思想认识实现的过程来看，作战指挥作为一种对群体的组织领导活动，与个体活动相比，具有典型的"目的性""组织性""领导性"。

从这个角度讲，作战指挥也可以视为统一多人的作战意志与通过多人实现作战意志的过程。

指挥之道

一、统一多人的作战意志

作战指挥的首要工作就是统一参战人员的作战意志（思想）。《尉缭子》云："一人之兵，如狼如虎，如风如雨，如雷如霆，震震冥冥，天下皆惊。"[1]《六韬》云："凡兵之道，莫过乎一。一者，能独往独来。"[2] 这些无不说明指挥专一的重要性。

无论作战指挥机构的形态如何发展、作战指挥机构内部如何设置、人员如何分工，无论作战指挥辅助决策系统发展到何种程度，作战决策方式衍化到何种程度，都是为最高指挥员服务，都是为了帮助指挥员定下作战决心与完善作战决心，都是为了贯彻落实最高指挥员的作战意志（作战企图）。

当然，也许作战筹划过程中，作战指挥机关人员某些极具建设性的意见建议甚至可能会改变指挥员的初始作战企图。但其意见建议即使再正确、再重要，也必须上升为指挥员的作战企图（作战意志）或成为其中一部分，才能成为指导三军的作战决心，才能影响三军的作战行动。

换句话讲，无论作战方案是否正确，无论指挥机构其他人员是否赞同，只要上升为最高指挥员的作战意志，只要确定为作战决心，就必须贯彻执行。

简而言之，纵有千军万马，但只能贯彻执行一个作战意志。从一定意义上讲，作战指挥就是将指挥员的作战意志变为所有人的作战意志，将不同人的不同作战意志凝聚为同一作战意志。

1　骈宇骞等译注：《武经七书》，北京：中华书局，2020 年，第 322 页。

2　骈宇骞等译注：《武经七书》，北京：中华书局，2020 年，第 522 页。

二、通过多人实现作战意志

作战指挥的最终目的是通过多人实现一个作战意志。除作战意志的生成方式外，个体活动与群体活动的另一重要区别是作战意志的实现方式。由于只有一个行为体，个体活动行为意志的实现路径比较简单。由于具有多个行为体，群体活动多个行为体之间又形成较为复杂的逻辑关系，行为意志的实现路径比较复杂。

相比其他领域的管理活动，如果从军队最高统帅算起，那么作战意志实现涉及的行为体数量少则几百几千、多则几万几十万，作战意志实现的路径要比一般性管理活动复杂几倍甚至几十倍。

作战指挥的工作就是将作战意志的实现路径按照一定的逻辑关系理顺，就是将一个作战意志层层分解到成千上万的作战实体上，就是使成千上万的作战实体协调一致地贯彻实现一个作战意志。

这就犹如一个交响乐团，只有各个演奏家按照总指挥的统一指挥，才能奏响出无穷如天地、不竭如江河的交响曲。

同样，只有将指挥员作战企图合理分配到参与作战的千军万马，只有参与作战的千军万马按照作战计划万马奔腾，才能完整地实现指挥员的作战意志（作战企图）。

统一多人作战意志与通过多人实现作战意志是作战指挥的本质特征之一，但仅从作用机理看，统一多人意志与通过多人实现作战意志又并不能准确体现作战指挥与其他一般性组织领导活动的本质区别。

其他一般性组织领导活动统一和实现的意志涉及利益，作战指挥统一和实现的意志事关生死。利益可以妥协，但生死不可重来。

趋利避害、避死求生是人的本性。战场上尤其是当指挥员的作战决心是通过牺牲局部战场力量赢得战场全局的主动时，让本能求生的人去赴死谈何容易！但这就是作战指挥：统一多人的生死意志，是以生死代价实现作战意志。

生死对抗的组织领导活动

在军事领域，清醒的理论研究者，具有学术良知、责任情怀的理论研究者绝对不会、也不应该盲目轻信任何观点。即使这种观点广为流传甚至纳入教科书，也应如此。当前，将作战指挥视为一种组织领导活动，好像已经成为作战指挥领域的普遍认知。但这种看法究竟是否合理？作战指挥与其他组织领导活动是否相同？作战指挥与其他组织领导活动有何不同之处？

一、作战指挥就是一种组织领导活动

从社会管理学的角度讲，作战指挥就是一种组织领导活动，符合组织领导活动的一般特征与规律。这主要体现在以下三个方面：

具有相同的层级管理结构。作战指挥体系衍化至今，虽然千差万别，但总体上看仍然是下大上小的"金字塔"管理结构。

具体来说，就是从最高战略指挥员到直接实施作战行动的个体，上级对下级实施层层指挥控制（越级指挥只是个例）；从实施作战行动的个体到最高战略指挥员，下级向上级层层负责（越级指挥只是个例）；并且，结构下层的指挥员数量，通常多于结构上层的指挥员数量。

都是为实现一个共同目的。无论是其他组织领导活动，还是作战指挥，其目的都是将最高层管理者（指挥者）的作战意志转化为所有人的作战意志，统一调度参与管理活动或作战指挥的所有人，去实现最高层管理者或指挥员的意志。

本质上都是对人的领导。管理活动的对象有人也有物，但领导活动的对象只能是人。在智能自主武器装备还没有完全替代人之前，人始终是武器装备释放作战效能不可缺少的因素。从这个意义上讲，在指挥链上的各级被指挥者或指挥对象从本质上讲都是人，人是指挥信息的接收者与执行者。

二、对抗是作战指挥的最大不同之处

作战指挥毕竟不同于其他组织领导活动，否则其他各行各业的优秀领导者岂不都可以成为作战指挥员了？当然，不同行业对领导者的能力素质要求不同。但客观地讲，与其他组织领导活动相比，作战指挥活动要难得多，难就难在作战指挥是作战双方智慧与力量活的对抗！

很多其他的组织领导活动，本质上讲是领导者领导一个团队单方地去完成一件事。在完成这件事的过程中，除个别竞争对手，通常情况下没有其他团队的干扰影响，尤其是没有直接公开的干扰破坏。换句话讲，其他组织领导活动多数情况下是静态地单纯地去完成一件工作。

但只要是作战指挥，就必然涉及战争对抗双方；只要是作战指挥，就注定不是一方指挥员的折子戏。在作战指挥的过程中，任何一方都会最大程度地实现己方作战目的，最大程度地阻止对方作战目的的实现。一方在实现己方作战意图的过程中，就必然会遭受另一方的直接干扰破坏。作战指挥是在彼此对抗的过程中实现作战目的，对抗是作战指挥的根本属性，也是区别于其他组织领导活动的显著标志。

三、普通组织领导活动的赌注是成败，作战指挥活动的赌注是生死

"雄关漫道真如铁，而今迈步从头越。"一般情况下，其他组织领导活动失败就失败了，失败了最多"妻离子散""负债累累"，只要意志不倒、信心还在，多数情况下通过吸取教训可以从头再来、东山再起。但是，战争是"死生之地、存亡之道"，与其他组织领导活动相比，作战指挥的严肃性、风险性更强。一旦作战指挥失误，轻则战士损百、生灵涂炭，重则国破山河碎、血流万骨枯。

在这样的情况下，指挥员要想重整旗鼓、再破敌军，谈何容易？尤其是现代战争"首战即决战、开局即结局"的趋势越来越明显，一分钟决定战争胜负，一小时决定国家命运。作战指挥系万家生死！在这种情况下，哪一场战争会给指挥员将功补过的机会？哪一次作战指挥失误的代价能够承受？

简而言之，作战指挥是一种生死对抗的组织领导活动。

用兵之法与用人之道的结合

指挥作战与以棋论战的最大区别是：以棋论战是一人直接指挥，指挥员直接实现作战决心，指挥员只需懂兵法会布阵；指挥作战是多人分层指挥，作战决心的实现需要下级指挥员的共同参与。

作战指挥绝对不是最高指挥员一人的独角戏，它的精彩演绎需要下级各层各方向指挥员坚决有力的执行与积极协调的配合。作战指挥不仅需要排兵布阵，也需要知人善任。作战指挥不是单纯的军事活动，而是军事活动与社会活动的统一体。

指挥员不仅需要从军事学角度根据战场情况制订科学合理的作战计划与作战决心，满足军事行动的要求，符合军事行动的规律；也需要从社会学角度根据不同人的性格与专长，制订任务分配计划与人员使用计划，满足社会管理活动的要求，符合社会管理活动的规律。

一、唯有运筹帷幄，方能决胜千里

作战指挥说到底是对作战力量与作战行动的筹划设计与行动控制，与普通的组织领导活动相比，具有军事行动的特殊属性。纵观战史风云，无论是从战争实践中学习战争，还是从名将兵法中研析胜战之道，但凡能够统领千军万马、征战沙场的统帅名将，无不深研用兵之妙，无不懂得胜战之奥。

东方兵家鼻祖孙子胸怀"十三篇",方能率吴败楚;战神韩信自小研习各家兵法,方能出陈仓、定三秦、擒魏、取代、破赵、胁燕、击齐、灭楚,助刘邦夺天下;常胜将军粟裕虽然没有正式在军校上过一天课,但"枪、地图、指北针、望远镜"始终不离其身,对《论持久战》《中国革命战争的战略问题》等毛泽东的军事著作反复研读,对中国革命形势与战争特点洞若观火,一直注重从战争中学习战争,如此方能成就"苏中七战七捷""围战孟良崮""决胜淮海"等精彩绝伦的战争史诗。

二、深谙兵法也无用,错点将帅悔断肠

作战指挥是指挥员定下作战决心与实现作战决心的过程。如果指挥员深谙用兵之道,也许在没有其他人的协助下能够独立定下高超的作战决心;但实现作战决心则是一个群体性行为,受多重因素的制约与影响,不仅取决于指挥员个人,更取决于实现作战决心的下级指挥员与担负作战任务的作战实体。

古今中外,多少名王将相虽满腹用兵之法、深谙制胜之道,却因识人用人之误,最终成为铁马秋风中的悲凉长歌。

三国时期,上知天文、下知地理的诸葛孔明隆中观天下,助刘备夺取荆益、安定南中、北伐曹魏,著《兵法二十四篇》,演绎出草船借箭、火烧赤壁、空城计等令后世拍案称奇的战争神话,却因误用马谡失去街亭,从而失去改变战略态势的绝佳可能,最终留下"出师未捷身先死"的千古之殇!

19 世纪,如秋风卷叶般横扫欧洲的军事巨人拿破仑,六次打破反法联盟,一生打赢五十余场大小战役,被称为世界近代

史上的战神，最后在一个小小的滑铁卢就此终了他与法兰西帝国的命运。二百多年来，分析拿翁失败的研究不计其数，错误任用"愚忠职守的格鲁希"是诸多学者的普遍共识。

这些可能改写历史时局与走向的例证足以让我们认识到知人善任于作战指挥的重要性。

无论任何领域，一名出色的领导应该具备两项素质：专业知识，用人能力。同样，一名优秀的指挥员，不仅要懂得怎么打仗，也要懂得怎么用人。作战指挥的过程就是因敌定法，因法用人，以人领战。

「第二章」
作战指挥矛盾论

　　作战指挥是一个巨大的矛盾体，作战指挥的过程就是处理作战过程中各种矛盾的过程，作战指挥是敌对双方作战力量与战场环境矛盾运动的结果。作战指挥既有内部矛盾，又有外部矛盾，作战指挥的过程就是着眼外部矛盾的发展变化，推动内部矛盾发展变化，并以此处理解决外部矛盾的过程；作战指挥既有主要矛盾，也有次要矛盾，既有矛盾的主要方面，也有矛盾的次要方面。作战指挥过程中既要抓住主要矛盾与矛盾的主要方面，也要兼顾次要矛盾与矛盾的次要方面；但作战指挥主要矛盾与次要矛盾、矛盾的主要方面与次要方面又会相互转化，指挥员的主要作用就是敏感捕捉转化的节点；作战指挥既有矛盾的普遍性，又有矛盾的特殊性，作战指挥就是在掌握矛盾普遍性的基础上，结合战场实际情况，处理矛盾的特殊性；能否在作战指挥中占据主动不在于是否掌握作战指挥矛盾的普遍性，而在于能否准确抓住与正确处理作战指挥矛盾的特殊性。

生命是作战指挥矛盾运动的动力之源

生命是作战指挥矛盾运动的动力之源。从矛盾论角度谈作战指挥，可能多少就有些让人觉得"故弄玄虚"，现在怎么又把作战指挥与生命联系在一起了？作战指挥矛盾运动与生命有什么关系？

世界万物由生命体与非生命体两元构成。按照马克思主义唯物辩证法，万事万物都不是孤立的、静止的，而是关联的、运动的。物体的静止是相对的，运动是绝对的，不存在不运动的事物。

事物运动产生矛盾，矛盾运动推动事物发展。

由此来看，作为包罗万象的作战指挥体系，在内外矛盾的共同作用下，必定也是一个复杂的、处于运动状态的矛盾体。这是唯物论在作战指挥领域的特殊反映，也是唯物论者理应具备的基本认知。在推动作战指挥矛盾运动的因素中，也有主要因素与次要因素之分，在生命体与非生命体两大因素中，生命体起着主要作用。

生命之于作战指挥，犹如马达之于机器，没有生命，作战指挥体系犹如一潭死水泛不起半点涟漪，犹如枯井朽木没有任何生机。

从广义上讲，作战指挥体系由作战指挥主体、作战指挥客体、作战指挥手段、作战指挥信息、作战指挥体制、作战指挥方式、作战指挥活动、作战指挥环境等系统（或要素）构成。没有生命，就相当于没有作战指挥主体（指挥员、指挥机关人员、指挥保障人员），没有作战指挥客体的被指挥者与作战指挥环境中的作战对象。此时，再好的武器装备、再高端的指挥手段都会成为一堆废铜烂铁；作战指挥活动就会在时空中定格，成为沉寂静止的剪影；作战指挥方式就会成为无人问津、搁置一旁、毫无意义的名词。

当然，由于运动是绝对的，即使没有生命体，作战指挥体系也处于运动之中，但显然考察这种运动已经远远偏离军事理论研究本身的意义范围。

一、生命体赋予作战指挥矛盾运动不确定性

具有学术研究经验的人十分清楚，社会科学与自然科学的最大区别是：自然科学可以使用数学公式精确定量计算，可以通过试验验证研究结果，研究内容与研究结果具有确定性；社会科学难以通过数学公式定量计算，无法在实验室即时验证，研究内容与研究结果具有不确定性。

导致这种确定性与不确定性区别的根本原因是：自然科学的研究对象是自然界，是客观的；社会科学的研究对象是人类社会，是主观的。而客观与主观的划分标准，主要取决于生命体尤其是人参与的程度，或者说生命活性。

不包括生命体的体系（系统），无论其形态多么庞大、怪异，结构多么复杂，都是简单系统，都是线性、可复制、可还原的。比如，汽车、飞机、火车、大炮、桥梁、房屋，只要拿到它的

设计图纸与零部件，熟悉其制作流程与工作原理，理论上讲就可以完成生产制造与拆卸。包括生命体的体系（系统），无论其规模大小、数量多少、结构繁简，通常情况下都是复杂系统，都是非线性、不可复制、不可还原的。

比如，大到几万人的跨国公司，小到只有几缕水草、几条小鱼的小池塘，以现在的认知能力，即使配置完全相同的硬件，按照同一模式运行，甚至把公司的员工、池塘的有机生物完全搬移到新的环境，也难以完全再现与复制原来的体系（系统）。（关于复杂系统与简单系统的概念与特点，国内外研究已相当深入。区分复杂系统与简单系统，最为简单的方式就是看有没有生命体尤其是人的深度参与，这种区分方式可能不够严谨，仅供参考。）

作为一个典型的、庞大的复杂系统，生成与发出指挥指令和指挥信息的指挥员、指挥机关人员、指挥保障人员，接受指挥指令与指挥信息的下级指挥员，掌握运用武器装备的前线战士，人文社会中的国防动员力量、普通民众，自然环境中的丛林、野兽……

任何一个系统中的任何一个生命体下一步究竟如何行动，本身就具有不确定性，这些诸多的不确定性导致其系统的不确定性，这些系统的不确定性融合汇聚为作战指挥系统的更大不确定性。战争的迷雾、作战指挥的奇妙，也主要源于生命体生成的不确定性；指挥谋略与指挥艺术的魅力，同样也恰恰体现于在不确定性中寻找与把握确定性。

可以说，如果没有这些生命体的参与，如果这些生命体的活动可以确定，作战指挥矛盾运动就不会那么复杂，就可以找到作战指挥矛盾运动的物理公式，就可以基于初始战场态势精确推导与呈现每时每刻的战争场景。当然，如此一来，作战指挥的神秘感也就极大削弱甚至不复存在。

二、推动作战指挥矛盾运动的生命体主要是人

在作战指挥系统中，生命体主要由植物和动物两类构成。不可否认，草地、丛林、飞鸟、野兽等构成的自然环境也会对作战指挥产生影响。比如，植被茂密的丛林地是隐蔽作战力量与作战行动的天然遮障，但大规模兵力驱入丛林，也会引起鸟飞兽惊，反而可能暴露作战行动。同时，丛林地形也会限制车辆装备机动，不利于实施快速突击。另外，如果远距离作战，后勤补给不足，准备实施"因粮于敌"的策略，又需要考虑作战地域的庄稼谷草生长情况。

但这只是推动作战指挥矛盾运动的次要因素，主要因素还是人。

人是社会实践活动的主体，也是推动人类社会进步的主体力量。不同性别、不同性格、不同素质的人分布在作战指挥系统的各个部位，在作战指挥活动中扮演不同的角色，承担不同的任务，是人将作战指挥系统中的各个要素连为一体。

作战指挥作为一种社会实践活动，作战指挥系统之所以能够成为系统，就是因为人的参与。生成发出指挥指令、接受理解指挥指令、执行落实指挥指令的主体都是人。人占据作战指挥系统的关键节点，主导作战指挥活动的整体进程。如果没有

人的参与，作战指挥系统就不再是系统，作战指挥活动也就不复存在。结构决定功能，人在作战指挥系统中的地位作用，决定对作战指挥系统影响最大的因素也是人。

三、指挥员是推动作战指挥矛盾运动最重要的主体

如果说作战指挥是导控战争物质流、能量流、信息流的总阀门，那么指挥员就是掌握总阀门金钥匙的大总管。不可否认，作战指挥活动是作战过程中诸多因素共同作用的结果，但起主导性、根本性作用的是指挥员。指挥员是生成作战决心的母体，是导控作战指挥活动的灵魂，是指挥机构运转的支柱。

纵览古今中外战争实践，胜战一方的指挥员哪一个不是胸有谋略、思维敏捷？哪一个不是擅长指挥的高手？一只狼领导的一群羊，可以打败一只羊领导的一群狼。指挥员始终是作战指挥系统中最重要的因素，是推动作战指挥矛盾运动最活跃的因子。

在作战指挥机构高度发展的今天，虽然作战指挥机构类型更加多样、要素编组更加多元，指挥要素辅助指挥员作战筹划与指挥控制的作用更加突出，但指挥要素毕竟只是指挥员的"外脑"与第三支"手臂"，在指挥机构运行中始终是辅助作用，不是主导作用。

随着指挥信息系统的智能化程度越来越高，指挥机构的构成可能由人的独角戏转变为机器人与人共同演绎的双簧，智能机器人在指挥机构中承担的戏份可能会越来越多。但即使如此，决定智能机器人思维方式、启动智能机器人运转的开关最终还

是掌握在指挥员手中，指挥员的主导性地位永远不会变。

在平时训练演习中，搜集战场情况、分析判断情况、确定作战构想、拟制作战方案、定下作战决心、制订作战计划、组织作战协同等作战指挥活动，看起来可能是指挥机关人员加班熬夜地"忙来忙去"，但这种现象是指挥机关人员能力素质与指挥员能力素质的"倒挂"，不是作战指挥活动的应然。

从理论上讲，确定作战构想、定下作战决心是指挥员应该做的工作，指挥机关人员不能代劳；分析判断情况、拟制作战方案、制订作战计划、组织作战协同等业务性工作是指挥机关人员的职责，但指挥员也不能当甩手掌柜，也应深度参与其中，确保各项指挥活动符合作战决心与指挥员真实作战意图。无论战争形态与指挥机构如何演变，指挥员在作战指挥活动中的主体性、主导性、决定性作用不会变。

四、指挥员是推动作战指挥活动矛盾运动最活跃的因素

战争发起前，战略目标、作战对象、作战地域选择、作战发起时间等均由战略指挥员确定；战役、战术指挥员逐级理解上级作战企图与本级作战任务，确定本级作战目的，启动作战筹划。指挥员是作战指挥矛盾运动的启动者。

作战准备过程中，如何分析判断情况、如何摆兵布阵、如何确定战役战法、如何建立作战指挥机构、如何组织作战保障等，均由指挥员拍板决策与引领。指挥员是作战指挥矛盾运动的推动者。

作战决心确定后，除了指挥员，任何人都无权改变决心，

都必须围绕实现作战决心落实作战行动；但对于已经确定的作战决心，指挥员也可以根据战场情况适时调整、修正和改变。指挥员是作战指挥矛盾运动的维护者。

当作战进程发生明显不利于己方，导致己方陷入困局、危局、险局等被动局面后，指挥员可以主动创造性地改变作战目标、调控作战节奏、转换战场空间、重构作战行动，重新掌握作战进程的主动权。即指挥员是作战指挥矛盾运动的重塑者。

作战指挥矛盾运动的动力源于生命体，源于人尤其是指挥员。指挥员是作战指挥矛盾运动的启动者、推动者、维护者与重塑者，是作战指挥矛盾运动最重要的主体、最活跃的因子。

作战指挥矛盾运动的普遍性与特殊性

古往今来，无论哪支军队的作战指挥活动似乎都没有超越掌握情况、分析情况、定下决心、控制行动的基本模式，但不同国家、不同军队、不同作战样式、不同时空条件下的作战指挥活动的确又千差万别。虽然不同时空、不同军队、不同层级、不同规模、不同种类的作战指挥活动迥然相异，但任何一个作战指挥系统的正常运转，都少不了指挥者、被指挥者、指挥手段、指挥信息等基本要素的支撑。这就是作战指挥矛盾运动的普遍性与特殊性。

作战指挥矛盾运动既有普遍性，也有特殊性。

作战指挥矛盾运动的普遍性是指作战指挥矛盾运动不受作战时间、作战空间、社会形态、政治阶级、文化传统、作战条件的限制，在任何时间、任何国家、任何地域、任何条件下均具有相同的运动规律与方式，这种运动规律与方式具有广泛适用性，需要共同遵循。

作战指挥矛盾运动的特殊性是指作战指挥矛盾运动因时间不同、地域不同、社会形态不同、政治阶级不同、文化传统不同而呈现不同的运动规律与方式，不同时间、不同地域、不同社会形态、不同政治阶级、不同文化传统等条件下的作战指挥活动需要遵循不同的作战指挥规律，形成不同的作战指挥指导。

作战指挥矛盾运动的普遍性与特殊性相互作用、相互转化。作战指挥矛盾运动的普遍性寓于特殊性之中，并通过特殊性来表现；作战指挥矛盾运动的特殊性是作战指挥矛盾运动普遍性在不同条件下的特殊表现。作战指挥矛盾运动的普遍性与特殊性是共性与个性、一般与个别的关系。

学习、掌握、遵循作战指挥矛盾运动的普遍性是实施作战指挥的最基本要求。

作战指挥矛盾运动的普遍性很重要，是任何条件下所有作战指挥活动都必须遵守的一般规律与最低要求，是作战指挥矛盾运动的最大公约数。任何作战指挥活动，如果违背作战指挥矛盾运动的普遍性，就违背了作战指挥活动最底层的逻辑，就必然受到作战指挥矛盾运动一般规律的惩罚，就注定会在战争中吃败仗。

作战指挥矛盾运动的普遍性没有国别界限，是经过时空洗涤、实践检验的智慧结晶，通常会以兵书、教材等形式存在。因此，按理来说人们对作战指挥普遍性的认识通常会比对作战指挥特殊性的认识更加便捷、更加直接、更加深刻。作战指挥矛盾运动的普遍性也更容易成为指导指挥员开展作战指挥活动的行为规范。

但恰恰也正是因为作战指挥矛盾运动普遍性"放之四海而皆准"的高阶地位，作战指挥矛盾运动的普遍性通常蕴藏于作战指挥活动的最里层，把握作战指挥矛盾运动的普遍性需要极其丰富的作战指挥实践认知与极其高深的军事理论造诣。

因此，古往今来，即使是战功卓著的世界级军事战将，对作战指挥矛盾运动的普遍性究竟表现在哪些方面，也很少有人系统提炼。翻阅古今中外军事名著，关于作战指挥矛盾运动普遍性的认识，没有谁比毛泽东的认识更加全面深刻了。我自知学术浅薄，更没有任何实战作战指挥经验，更不敢遑论作战指挥矛盾运动的普遍性。

在充分理解吸收军事伟人哲理睿智的基础上，以现在的认知来看，"兵者，死生之地，存亡之道，不可不察也"，按照"搜集情况—分析判断—做出决策—控制行动"等流程实施作战指挥活动，作战指挥的周期决定作战行动的周期，作战指挥方式要与作战指挥手段相适应，作战指挥过程中要集中兵力重点用兵、要着眼全局把握关节等，可能是开展作战指挥活动需要广泛关注的重要方面。

在实际作战指挥活动中，受历史名人、政治权威、阶级信仰的影响，人们往往会错误地把作战指挥矛盾运动的特殊性当成作战指挥矛盾运动的普遍性而教条恪守，容易犯本本主义、教条主义的错误。

比如，在第五次反"围剿"过程中，博古、李德脱离中国革命战争实际，完全抛弃前四次反"围剿"过程中"诱敌深入、各个歼敌"等毛泽东制定的灵活战略战术，照搬照抄"打大城市，打大仗，打硬仗"等做法，就是把苏俄革命战争实践的特殊性当成普遍性。这与当时中国革命战争的实践也是格格不入的，也是错误理解作战指挥矛盾运动普遍性与特殊性的现实表现。

错误混淆作战指挥矛盾运动的普遍性与特殊性主要受两个方面的因素影响：

一方面，受人们主观认知限制。

认识是一个不断深化的过程。当认知的视野在事物本来面目的地平线以下时，容易出现一叶障目，把看到的冰山一角当成事物的全部，把事物的表象当成事物的真实。随着人们对作战指挥活动认知的不断深化，原来认为的作战指挥矛盾运动的普遍性，可能实际上是作战指挥矛盾运动的特殊性。

另一方面，也是更重要的原因，作战指挥矛盾运动的普遍性与特殊性客观上也会发生变化。

从作战指挥矛盾运动的纵向发展轴线看，某一时刻作战指挥矛盾运动的某一表征可能是所有作战指挥活动的共性，随着战争形态的演变，这一共性表征就有可能衍化个性表征。同样，某一时刻作战指挥矛盾运动的某一表征可能是某场战争、某支军队的个性特点，但随着科学技术的进步与战争形态的演变，这一个性表征就可能演化为某段时间内的一般共性。

比如，在坦克出现之前，进攻武器与防御武器相分离，可能是世界范围内作战指挥对象的共性特征；但坦克出现之后，显然这一共性特征就成为一种个性表现。又比如，无线电台作为一种指挥手段出现之前，作战指挥空间基本在平面延展，无线电台出现之后，冲破了平面指挥的束缚；再比如，当计算机刚刚问世、价格昂贵且没有与军事活动充分结合时，计算机作为一种指挥手段，可能只是某个国家、某支军队的专属，但计算机现已基本成为世界范围内大多数军队的通用指挥手段。

当人们未能及时感知与捕捉作战指挥矛盾运动共性与个性转换的节点时，或者说当人们的认知落后于作战指挥矛盾运动普遍性与特殊性的转换节奏时，自然就会错误地将两者相混淆。

作战指挥矛盾运动的普遍性具有相对性，也有性质与长短之分。有些普遍性可能是本质属性、是长久的，有些普遍性可能是技术属性、是相对短暂的。

本质的、长久的普遍性是作战指挥活动与生俱来的属性，受战争形态演变影响较小，可能有：作战指挥目标决定作战指挥手段，作战指挥手段支撑作战指挥目标的实现；与作战行动性质相对应，作战指挥活动也可以区分为进攻性行动作战指挥与防御性行动作战指挥，两者互为对抗，并且进攻性作战指挥活动较之防御性作战指挥活动更为主动；作战指挥活动按照"观察—判断—决策—行动"的逻辑组织，上一环节的结果对下一环节的开展具有根本性影响；随着科学技术的进步，作战指挥手段性能向越来越好单向发展；作战指挥效能取决于作战指挥系统的整体运行……

技术的、相对短暂的普遍性受科学技术进步与战争形态演变影响较大，具有鲜明的时代标签。信息化战争时代可能有：

信息优势主导决策优势和行动优势；破网断链瘫痪作战体系；多军种联合实现聚合制胜；作战指挥空间呈现陆、海、空、天、电、网全域多维一体……

从本质的、长久的普遍性视角观察，这些技术的、相对短暂的普遍性可能也是作战指挥矛盾运动的特殊性。

相比作战指挥矛盾运动的普遍性，也许从理论层面作战指挥矛盾运动特殊性的生命力与适应性没有那么持久与广泛，但学习掌握作战指挥矛盾运动特殊性的实践意义，远比作战指挥矛盾普遍性的意义要重要得多。

相比作战指挥矛盾运动的普遍性，作战指挥矛盾运动的特殊性具有两个显著特点：一是更新周期短，发展变化快；二是受外界环境影响大，更具不确定性。这两个特点决定作战指挥矛盾运动的特殊性更难把握。

衡量指挥员指挥能力强弱与指挥水平高低的主要标尺，是能否在复杂变化的战场环境中及时准确地抓住作战指挥矛盾运动的特殊性，并依据作战指挥矛盾运动的特殊性，制定与之相适应的作战指导。

在世界战争史中，导致一场战争失败的因素有很多，但取得胜利尤其是以少胜多、以劣胜优的一方，多数是从战场实际出发制定作战指导，都是及时准确地把握了作战指挥的特殊性。

在世界知名将帅的历史长廊里，从铁腕帝王腓特烈到欧洲战神拿破仑，从帝国之鹰隆美尔到五星上将麦克阿瑟，任何一名能征善战的指挥员，无不知晓从战场实际出发筹划指导战争的重大意义，无一不是善于洞察战场秋毫、掌握战场变化、注重灵活指挥的高手。从某种程度上讲，作战双方指挥员作战指挥对抗的过程，就是不断适应与捕捉作战指挥矛盾运动特殊性的过程。对作战指挥矛盾运动特殊性理解认知与把握的越全面、越准确、越深刻，就越容易在作战指挥对抗中掌握主动。之所以说"作战指挥不可复制"，也是由作战指挥矛盾运动的特殊性决定的。

促成作战指挥矛盾运动特殊性的因素有很多，比如战争形态、作战目的、作战任务、作战样式、力量编成、作战环境、作战对象、指挥员性格与特点等。任何一项因素对作战指挥活动都会产生或多或少、或深或浅、或正或负的影响，要想把握作战指挥矛盾运动的特殊性，需要全面把握每一项因素的变化及其对作战指挥的影响，以及各种影响的融合效益，所以其难度可想而知。

当然，也正是因为作战指挥矛盾运动的特殊性，使作战指挥的整个历史画卷流光溢彩、惊奇纷呈，更加突显谋略和智慧的熠熠之辉。

作为指挥员，既要深刻学习理解作战指挥矛盾运动的普遍性，也要善于探寻作战指挥矛盾运动的特殊性，并且归根结底还是发现与适应作战指挥矛盾运动的特殊性。

从作战指挥能力生成方式看，主要有两条基本路径：

一是先学习普遍性再实践特殊性。先从理论上学习作战指挥矛盾运动的普遍性，掌握作战指挥矛盾运动的一般规律，再在作战指挥实践中，结合不同的作战样式、不同的作战环境、不同的作战指挥活动，运用作战指挥矛盾运动普遍性的原理，探寻、理解与把握作战指挥矛盾运动的特殊性。

二是先实践特殊性再感悟普遍性。指挥员先在具体的作战指挥实践中，学习掌握作战指挥矛盾运动的特殊性，随着作战指挥实践的增多与作战指挥具体经验的积累，从诸多作战指挥矛盾运动特殊性中自觉抽取提炼作战指挥矛盾运动的共性规律，从而掌握作战指挥矛盾运动的普遍性。

和平年代与战争年代有军事教育训练条件支撑的军队，指挥员的成长多数通过第一种途径；战争年代尤其是没有军事教育训练条件支撑的军队，指挥员的成长多数通过第二种途径。

第一种途径效率高、周期快、成本低，通过这种途径培养成长的指挥员通常理论素养高；第二种途径效率低、周期长、成本高，通过这种途径培养成长的指挥员通常实践指挥能力强。

当然，这两种路径，无论是先普遍性后特殊性，还是先特殊性后普遍性，最终还是落实到作战指挥实践，最终还是要打通理论与实践的融合链路（理论来源于实践、服务检验于实践）。

从认识与实践的关系看，以上两种路径有着很大区别：

第一种路径的认识来源于理论，即别人的间接经验或已经加工过的理性认识，而这些间接经验或已经加工过的理性认识不一定正确，或者即使正确也不一定能够完全被消化吸收，所以用其指导作战指挥实践很难得心应手。

第二种路径的认识来源于实践即自己的直接经验，也许这些直接经验有些零散，但毕竟是指挥员自己的心得，能够被指挥员快速灵活运用。简单地讲，再好的枪不经掌握也不是自己的武器，一根筷子用到极致也能成为"撒手锏"。

因此，仅从认识与实践的逻辑关系看，毫无疑问第二种路径比第一种路径更加科学。

当然，这并非否认第一种路径的不合理性与实践价值。因为从认识论角度看，我们不可能全部都从直接经验中获取认识。无论是从人的精力有限性看，还是从人类社会进步的连续性看，先学习一般理论、共性规律，再在实践中运用一般理论与共性规律解决具体的实践问题符合事物发展的一般逻辑。

简而言之，人们从千差万别、形态各异的作战指挥活动中掌握作战指挥矛盾运动的普遍性，需要经历从个别到一般的归纳过程；将掌握的作战指挥普遍性规律应用于具体作战指挥活动之中，需要经历从一般到个别的演绎过程。从普遍性到特殊性，从特殊性到普遍性，都是人们认识事物的必要方法，都是认识事物的必要途径。作战指挥矛盾运动的普遍性内含于作战指挥矛盾运动的特殊性之中，作战指挥矛盾运动的特殊性是作战指挥矛盾运动普遍性在具体作战指挥活动中的现实反映。在作战指挥实践中感悟积累作战指挥矛盾运动的特殊性，有助于总结提炼与深刻理解作战指挥矛盾运动的普遍性；理解与掌握作战指挥矛盾运动的普遍性，有助于指导作战指挥矛盾运动的特殊性。

作战指挥的内部矛盾与外部矛盾

任何事物的矛盾均由内部矛盾与外部矛盾构成。毛泽东在《矛盾论》中指出："事物发展的根本原因，不是在事物的外部而是在事物的内部，在于事物内部的矛盾性。"[1] 内部矛盾是推动事物发展的第一要素，是主因；外部矛盾是推动事物发展的第二要素，是次因；内部矛盾与外部矛盾相互渗透、相互作用、相互影响，共同推动事物向前发展。

同样，作战指挥系统的内部矛盾是推动作战指挥运动发展的第一要素，是主因；作战指挥系统的外部矛盾是推动作战指挥运动发展的第二要素，是次因；作战指挥系统的内部矛盾与外部矛盾，相互渗透、相互作用、相互影响，共同推动作战指挥向前发展。

区分事物内部矛盾与外部矛盾的界限是事物本身的边界。要想区分作战指挥系统的内部矛盾与外部矛盾，首先要搞清作战指挥系统的内涵与外延。

作战体系是一个十分庞大复杂的概念，不同时代、不同国家、不同军队、不同学者对作战体系这一概念的理解与认识不尽一致。

比如，军事科学院任连生在《基于信息系统的体系作战能力教程》中认为，作战体系包括情报侦察、指挥控制、火力打击、突击抗击、立体机动、信息攻防、全维防护、综合保障、三战等要素；2011 年 8 月，美军第 3-0 号联合出版物《联合作战纲要》认为，战争所有级别的联合行动职能基本可分为六组：联合指挥与控制、情报、火力、运动与机动、防护和保障（不同版本的《联合作战纲要》可能有所区别）。指挥与控制、情报适用于所有行动。

1　《毛泽东选集》（第一卷），北京：人民出版社，1991 年，第 301 页。

这里并非一定要找出作战体系最为合理的划分方式，而是重在说明作战体系由作战指挥系统（有的学术著作称为指挥控制系统）与其他系统构成。

其中，作战指挥系统由指挥者、被指挥者、指挥手段、指挥信息等基本要素按照一定的方式与结构构成。按不同标准，作战指挥系统分类不同。按照军种构成，作战指挥系统可以划分为联合作战指挥子系统、陆军作战指挥子系统、海军作战指挥子系统、空军作战指挥子系统等；按照作战指挥机构编组方式，作战指挥系统可以划分为侦察情报、作战计划、作战控制、后勤和装备保障、国防动员等要素（或子系统）。

从支撑作战指挥系统运行的角度看，作战指挥系统的内部矛盾不仅包括指挥者、被指挥者、指挥手段、指挥信息等各指挥要素之间的矛盾，也包括指挥要素、指挥方式、指挥体系、指挥活动之间以及其内部的矛盾。

从作战指挥系统的军种分类看，作战指挥系统的内部矛盾不仅包括联合作战子系统、陆军作战指挥子系统、海军作战指挥子系统、空军作战指挥子系统等内部矛盾，也包括各子系统之间的矛盾。

从作战指挥机构编组方式看，作战指挥系统的内部矛盾不仅包括侦察情报、作战计划、作战控制、后勤和装备保障、国防动员等要素（或子系统）的内部矛盾，也包括各要素（子系统）之间的矛盾。

作战指挥的外部矛盾是作战指挥系统（指挥控制系统）与情报侦察、火力打击、突击抗击、信息攻防、全维防护、综合保障等作战体系其他系统的矛盾。

作战指挥系统的外部矛盾与内部矛盾都会影响作战指挥系统的运行，但作战指挥系统的外部矛盾最终还是要通过作战指挥系统的内部矛盾对作战指挥系统发生作用。作战指挥系统的内部矛盾是内因、主因，作战指挥系统的外部矛盾是外因、次因。作战指挥系统的外部矛盾最终还是通过作战指挥系统的内部矛盾解决。

当作战指挥主体素养不高、指挥机构设置不合理、指挥手段性能落后、指挥体系运转不顺畅、指挥效能低下等内部矛盾出现或恶化时，作战指挥系统这一作战体系的"大脑"，就难以有效控制侦察情报、火力打击、突击抗击、立体机动、信息攻防、全维防护、综合保障等作战体系的"肢体"，作战指挥系统就会与作战体系的其他系统不匹配，作战指挥系统的外部矛盾自然就会产生或恶化。

随着指挥主体指挥素养的增强、指挥机构编组设置更加优化、指挥手段性能革新拓展，即作战指挥系统的内部矛盾逐渐解决或缓和，作战指挥系统运转会更加高效、作战指挥效能会日益提升。如此一来，作战指挥系统这一作战体系的"大脑"，对火力打击、突击抗击、立体机动、信息攻防、综合保障等作战体系"肢体"的控制能力增强，作战指挥系统与作战体系其他系统的外部矛盾自然就会缓和或减少。

虽然从矛盾运动对作战指挥系统发生作用的角度，作战指挥的外部矛盾始终是外因、次因，内部矛盾始终是内因、主因。但军队处于不同的状态，指挥员关注的重点会发生变化。

第二章 作战指挥矛盾论

一般来讲，非战时，作战指挥系统与作战体系其他系统相对独立、磨合较少，作战指挥系统与作战体系其他系统之间的矛盾即作战指挥系统的外部矛盾显现较少、比较缓和，指挥员的视野与精力主要集中于如何提高指挥人员素质、如何革新指挥手段性能、如何编组设置指挥机构、如何优化完善指挥体系、如何推动指挥理论发展等作战指挥系统的内部建设，较之作战指挥系统的外部矛盾，作战指挥系统的内部矛盾更为直接、更为显现、更为突出。

战时，作战双方力量体系整体对抗成为整个战场的主体矛盾。为在这一矛盾对抗中赢得主动、占据上位，作战体系力量耦合、效能聚合成为单方指挥员追求的主要目标。与之相适应，作战指挥系统能否与火力打击、信息攻防、机动突击、综合保障等作战体系其他系统匹配一体，作战指挥活动能否与其他作战行动、保障行动协调一致等外部矛盾，逐渐从地平线以下显现，进入指挥员的视野，替代指挥素质提升、指挥手段建设、指挥理论发展等作战指挥系统的内部矛盾，成为指挥员关注的重点。

需要重点说明的是，战时作战指挥系统外部矛盾的突显并非否认作战指挥系统内部矛盾的重要。重者恒重，无论是平时，还是战时，理解作战任务、分析判断情况、定下作战决心、组织作战计划、指挥控制行动等作战指挥的内部矛盾，始终是作战指挥的活动主线，始终是作战指挥矛盾的重心。

作战指挥的内部矛盾与外部矛盾相互影响、相互作用、辩证统一。战时作战指挥系统外部矛盾的性质与多少取决于平时作战指挥系统内部矛盾的性质与多少，平时作战指挥系统的内部矛盾会在战时作战指挥系统的外部矛盾中（当然，也会在内部矛盾，这是本身应有之意）折射与反映。平时作战指挥系统内部矛盾越少越缓和，作战指挥系统运转越顺畅高效，战时作战指挥系统的外部矛盾就会越少越缓和；平时作战指挥系统内部矛盾积累得越多越严重，作战指挥系统运转阻力与障碍越大，战时作战指挥系统的外部矛盾就会越多越严重。战时外部矛盾解决得如何，一方面取决于指挥员的临机应变能力，另一方面取决于平时作战指挥系统的整体建设与内部矛盾的化解程度。

当然，作战指挥系统内部矛盾解决得如何最终还是要通过作战指挥系统的外部矛盾来检验。这是因为作战指挥的内部矛盾决定作战指挥系统的内部结构、整体质量与指挥效能，而作战指挥系统的结构优劣、质量好坏、效能高低，平时很能评估，只有放在整个作战体系运转中才能得到检验。

换句话说，指挥理论能否指导作战指挥实践，指挥手段能否满足指挥信息处理需求，指挥机构能否高效组织作战筹划与指挥控制作战行动，指挥体系能否合理顺畅运转，人员素质能否满足作战指挥能力需求等作战指挥的内部矛盾解决得如何，最终会在作战指挥系统与作战体系其他系统磨合运转的外部矛盾中得到反映，在作战指挥实践中得到检验。

无论平时，还是战时，解决作战指挥的内部矛盾只是手段，解决作战指挥的外部矛盾才是目的，解决内部矛盾要服务与服从于作战指挥的外部矛盾。

实际作战指挥过程中，作为指挥员，就是要站在战场全局，以作战体系高效运转为最终目标，聚焦于解决作战指挥系统与作战体系其他系统的外部矛盾这一现实问题，以提升指挥者、被指挥者、指挥手段、指挥信息等作战指挥系统基本要素及优化作战指挥机构、作战指挥体系、作战指挥方式、作战指挥活动等为手段，使目光在作战指挥的外部矛盾与内部矛盾之间穿梭衡量。最终通过不断解决与缓和作战指挥系统的内部矛盾，调和作战指挥系统与作战体系其他系统的外部矛盾，达成提高作战效能与实现作战目的的目标。

当然，内与外的区分是一个相对概念。以上分析论证的视角均是作战指挥体系构成。视角不同，作战指挥内部矛盾与外部矛盾的内涵是不同的。

比如，从双方作战力量对抗看，将己方作战指挥的矛盾称为内部矛盾，与敌方作战指挥的矛盾就为外部矛盾；从指挥编组看，各军种将军种内作战指挥的矛盾称为内部矛盾，与军种外作战指挥的矛盾就为外部矛盾；从指挥层次看，将本级作战指挥矛盾称为内部矛盾，与上下级及友邻的作战指挥矛盾则为外部矛盾；从指挥要素看，将各指挥要素的矛盾称为内部矛盾，与其他指挥要素的矛盾则为外部矛盾……但无论审视视角如何切换，以上关于作战指挥内部矛盾与外部矛盾辩证关系的分析基本如此。

简而言之，作战指挥的内部矛盾是主因，作战指挥的外部矛盾是次因，两者共同作用推动作战指挥向前发展，但作战指挥外部矛盾一般不会直接作用于作战指挥系统本身，最终还是通过作战指挥的内部矛盾对作战指挥系统产生作用；平时指挥员更加关注作战指挥的内部矛盾，战时作战指挥外部矛盾逐渐显现，但作战指挥活动始终是所有作战指挥矛盾的重心；解决作战指挥外部矛盾是目的，解决作战指挥内部矛盾是手段；目的的达成需要手段的支撑，手段的发展要向目的聚力，作战指挥内部矛盾要服务与服从于作战指挥外部矛盾，作战指挥内部矛盾解决得如何最终还是通过作战指挥外部矛盾来检验。内外矛盾是一个相对概念，没有内就没有外，没有外就无所谓内；作战指挥内部矛盾与外部矛盾辩证统一于作战指挥实践，辩证统一于作战指挥能力的生成与作战指挥效能的释放。

从理论上做如上论证分析，是为了提醒与告诫自己，以及清晰提领与呈现出作战指挥建设发展的一般工作逻辑：改变作战指挥现状，推动作战指挥发展，增强作战指挥能力，提升作战指挥效能，目标在指挥打赢（外部矛盾），解决战时问题，功夫在日常建设，解决平时问题（内部矛盾）；战时重在检验，平时重在建设，战时指挥能否满足作战需求，能否驱动作战体系顺畅高效运转，能否快速、灵活、正确处理复杂多变的战场情况，关键在于平时作战指挥系统内部自身建设；平时作战指挥上的投入与努力迟早会在战时得到反馈与检验。落到实处，无论站在什么角度、处于什么层次，推动作战指挥发展，首要与核心是瞄准未来作战指挥需求，围绕提升指挥人员素质、革新指挥手段性能、创新指挥理论发展、理顺作战指挥体系、优化指挥机构编组、改进作战指挥活动等作战指挥的内部矛盾，把作战指挥本身（内部）的事做好，把本身（内部）的作战指挥做好。

作战指挥的主要矛盾与次要矛盾

在推动作战指挥运动发展的过程中，有许多矛盾存在，有些矛盾是主要矛盾，它们的存在左右与决定着作战指挥的基本性质、所属阶段与发展走向，是指挥员理应关注的重点与重点努力的方向；有些矛盾是次要矛盾，它们的存在对作战指挥系统与作战指挥活动有影响、起作用，但决定不了作战指挥的基本性质、所属阶段与发展走向。

推动作战指挥发展，提升作战指挥效能，关键是要从诸多复杂的矛盾中抓住主要矛盾。

一、不同战争形态，作战指挥的主要矛盾不同

社会形态不同，决定社会性质的主要矛盾不同。比如，农民与封建地主之间的矛盾是封建社会的主要矛盾，资产阶级与无产阶级之间的矛盾是资本主义社会的主要矛盾，人民日益增长的物质文化需要同落后的社会生产之间的矛盾是我国社会主义初级阶段的主要矛盾，人民日益增长的美好生活需要和不平衡不充分的发展之间的矛盾是新时代中国特色社会主义社会的主要矛盾。

同样，战争形态不同，决定战争基本性质的主要矛盾也不同。比如，敌我体能对抗是冷兵器战争的主要矛盾，敌我火力对抗是热兵器与机械化战争的主要矛盾，信息主导下的敌我作战体系对抗是信息化战争的主要矛盾，智能主导的敌我作战体系对抗是具有智能化特征的战争的主要矛盾。

与之相适应，基于力量制胜的摆兵布阵是冷兵器作战指挥的主要矛盾，基于火器制胜的队形控制是热兵器作战指挥的主要矛盾，基于火力制胜的协同作战是机械化作战指挥的主要矛盾，基于信息制胜的军种联合是信息化作战指挥的主要矛盾，基于算法制胜的无人自主作战是智能化作战指挥的主要矛盾。

沿循战争形态的演变历程，自新中国成立以来我军作战指挥主要矛盾也经历了类似的变化过程。从战略层面看，新中国刚刚成立时，处在世界军事强国机械化程度已相当成熟，而我军整体建设水平属于"小米加步枪"的段位，我军战略指挥的主要矛盾是武器装备等作战指挥对象与指挥手段过于落后，保卫新生政权与国土防御的安全压力较大。随着改革开放不断深入，我国综合国力与军事实力不断增强，海军、空军、第二炮兵等新军种陆续建立，我军战略指挥的主要矛盾是各军种独立建设、自成体系，难以实现多军种联合作战。

进入新时代，我军机械化建设基本完成，信息化建设取得重大进展，作为世界军事强国的美国将我国视为大国竞争的主要战略对手，我军战略指挥的主要矛盾是在实现中华民族伟大复兴的进程中如何避免重大战略风险，如何遏制与应对美军的军事干预。

二、不同国家、不同军队，作战指挥的主要矛盾不同

作战指挥矛盾运动的特殊性决定作战指挥的主要矛盾会因政治阶级、经济发展、社会构成、军队建设、科技水平等不同而不同。

分析抗日战争时期敌我双方战略指挥的主要矛盾，日方的主要矛盾是：日本虽强但是小国，战略进攻能力难以支撑其吞并中华、不可一世的战略目标；战争的非正义性质使其在国际上陷入战略被动地位。中方的主要矛盾是：虽为大国但为弱国，依靠军事能力难以短时间内取得抗日战争胜利；社会构成复杂，军事力量虽然规模大，但代表不同阶级的利益，凝聚力不足。日本认识到其第一个主要矛盾，所以在对华战争中采取了以战养战的作战指导，但由于其没有从根本上认识到"法西斯"战争的非正义性，最终必然走向失败。在中国共产党的坚强领导下，中国人民充分认识到中国革命战争的特点与主要矛盾，正确地采取"统一战线"与"持久战"的战略指导，所以最终取得抗日战争的胜利。

分析解放战争时期国共双方作战指挥的主要矛盾，中国共产党革命武装力量作战指挥的主要矛盾是：武器装备落后，军事实力较弱。毛泽东等党和军队的领导人，以其卓越的政治智慧和超凡脱俗的军事谋略，准确抓住这一现实主要矛盾，采取广泛发动群众以弥补一线作战兵力不足，以及运动战与不失时机的阵地战等正确的作战指导，在人民群众的支持下，以摧枯拉朽之势消灭了国民党军事力量的主体。国民党领导的反革命武装力量作战指挥的主要矛盾是：派系林立、钩心斗角，中央军与桂系集团、西北马家军，以及中央军内部私心很重、相互掣肘，难以精诚团结。从军事指挥角度讲，国民党自始至终没有很好地解决这一主要矛盾，必然难以逃脱失败的终局。

三、一支军队作战指挥效能的高低，关键在于能否捕捉与解决推动作战指挥发展的主要矛盾

任何事物发展到一定阶段都会遇到障碍与瓶颈，有些障碍与瓶颈是制约事物发展的喉鲠，突破不了这些障碍与瓶颈，事物就难以正常发展。但在不同条件下，处于不同的发展阶段，这些障碍与瓶颈是不同的。推动事物持续发展的关键就是及时发现这些障碍与瓶颈，分析这些障碍与瓶颈产生的原因，找到消除这些障碍与瓶颈的方法。

同样，作战指挥发展到一定阶段也会遇到一些矛盾困难。在诸多矛盾困难中，有些会成为制约作战指挥发展的主要因素，并且这些起主导作用的因素处于动态变化之中。有时指挥手段落后、难以支撑作战指挥系统运转是制约作战指挥发展的主要矛盾；有时力量结构与指挥体制出现结构性矛盾、政策性问题，导致作战指挥体系关系复杂、运转低效是制约作战指挥发展的主要矛盾。

一定程度上，一支军队的指挥手段革新、指挥体制优化、指挥机构设置、指挥人才建设、指挥理论发展，就是为了破解这些矛盾与障碍。作为军队建设的决策者，其主要作用就是及时发现这些矛盾与障碍并予以解决。

2015 年以来，习主席以极其宽宏的视野、深邃的智慧、坚定的决心，大刀阔斧推进国防和军队调整改革，实现力量规模和领导指挥体制力量性重构、结构性重组、体系性重塑。一定程度上讲，就是为了破解长期以来制约我军作战指挥能力与战

斗力提升的结构性矛盾、政策性问题、体制性障碍，就是为了推动作战指挥向适应一体化联合作战这一基本作战形式转变。事实证明，正是由于习主席找准与抓住了制约我军作战指挥能力与战斗力提升的这一主要矛盾，近几年我军作战指挥体系已基本理顺成形，作战指挥关系更加清晰明畅，作战指挥能力得到大幅提升。

纵观美国国防部、军种战略研究机构与相关智库历次发布的《国防战略报告》《国家军事战略报告》等重要文件，本质上也是从战略层面对作战指挥主要矛盾发展变化的分析与应对。

四、作战指挥的过程很大程度上就是不断捕捉与解决战场主要矛盾的过程

战场情况瞬息万变，战机稍纵即逝。在转换快速、高度紧张的战场氛围中，灵敏感知战场变化，拨开战场的迷雾，从扑朔迷离、错综复杂的战场情况中快速捕捉主要矛盾，围绕主要矛盾果断定下作战决心，正确进行作战处置，是一名优秀指挥员的必备素质。

抓住战场的主要矛盾，就找准了作战指挥的重心与关键节点，作战指挥活动就是有的放矢，作战指挥效能流就会驱动作战行动效能流、保障行动效能流同心聚合，作战体系效能就会最大化生成。否则，抓不住战场的主要矛盾，作战指挥就是无的放矢，作战指挥活动就会失衡、迷向，作战行动效能流与保障行动效能流就难以汇聚成力甚至分道扬镳。

一名卓越的指挥员要像一只具有灵敏嗅觉的雄鹰一样，时

刻游猎待命于战场上空，时刻注视战场主要矛盾的转移，时刻准备猎食出现的战机。

被称为"沙漠之狐""帝国之鹰"的德国名将隆美尔，由于实力悬殊与后勤补给不足，在非洲战场的阿拉曼战役中败给英国名将蒙哥马利。之后，为保存实力，避免被英军全歼，向西大撤退了几个月。随着向非洲增援部队——汉斯-于尔根·冯·阿尼姆的逐渐靠拢，隆美尔似乎有了一线生机。但在盟军眼里，即使这样，隆美尔与增援其的非洲军团也迟早会被盟军向心歼击。令盟军万万没有想到的是，随着英军与美军两支盟军的向心运动，处在中央位置的隆美尔，敏锐地感受到战场主要矛盾的重心已由同蒙哥马利率领的英军矛盾转向同美军部队的矛盾。隆美尔准确抓住战场矛盾的转移，在凯塞林隘口主动对美军后方补给仓库特贝萨发起突袭，再一次用无可辩驳的历史战绩证明"沙漠之狐"绝非浪得虚名。

五、作战指挥的主要矛盾与次要矛盾是相对的，一定条件下解决次要矛盾也可有效推动作战指挥运动发展

从理论上讲，一定条件下主要矛盾就是主要矛盾，次要矛盾就是次要矛盾。针对主要矛盾直接采取措施，应是推动作战指挥运动发展的最优途径，但现实情况并非如此。有时受制于主客观条件，主要矛盾无法及时得到有效解决，只能通过解决某些其他矛盾达成预期目的。辩证地看，从推动作战指挥运动发展的有效性角度，这些其他矛盾就替代原来的主要矛盾成为新的主要矛盾。

比如，当一支武器装备落后的弱国军队与一支武器装备先进的世界军事强国军队对抗时，武器装备处于劣势无疑是作战指挥面临的主要矛盾。但客观地讲，除了接受武器装备外援外，有哪支军队可以短时间内解决武器装备的劣势尤其是代差问题？特别是战争打响之后，试图直接解决这一主要矛盾无异于痴人说梦。

回顾 20 世纪，中国共产党领导的抗日战争、解放战争与抗美援朝战争，武器装备落后于敌始终是指挥员面临的最大困境，改善武器装备面貌，提高武器装备性能，也一直是所有参战指挥员的最大愿望。但无论是"没有枪没有炮，敌人给我们造"的乐观主义精神，还是"一切反动派都是纸老虎"的战略决心意志，武器装备落后于敌是我军指挥员必须正视的客观现实。在无法彻底改变武器装备落后这一主要矛盾的情况下，只能把提高作战指挥效能的基点放在战略战术指导即作战指挥理论上，即作战指挥理论成为指挥员致力推动的主要矛盾。

而且事实证明，这种做法的确帮助我军取得了一个又一个看似不可能的胜利，创造了一个又一个以劣胜优、以弱胜强的战争奇迹。这也再次证明，主要矛盾与次要矛盾对推动作战指挥发展的作用不是绝对的，而是相对的。条件允许时，能抓主要矛盾就抓主要矛盾，能解决主要矛盾就解决主要矛盾；条件不允许时，抓不住主要矛盾，解决不了主要矛盾，有效抓住其他次要矛盾并有效解决，也能有效推动作战指挥向前发展。

简而言之，主要矛盾是推动作战指挥运动发展、决定作战指挥效能的主要因素，但主要矛盾是动态发展变化的。从矛盾论角度讲，作为指挥员或军队建设的主要决策者，最为重要的一条就是适时根据战场情况与军队建设发展，发现并解决影响作战指挥效能发挥与作战指挥能力提升的主要矛盾。但主要矛盾与次要矛盾对推动作战指挥运动发展、改变作战指挥效能的作用是相对的。当主要矛盾实在无条件解决时，就要立足现有条件，创新解决对提升作战指挥效能与作战指挥能力具有重大推动作用的非主要矛盾。

作战指挥矛盾的主要方面与次要方面

在推动事物发展中，有主要矛盾与次要矛盾之分，主要矛盾是推动事物发展、决定事物性质的主要动力；在同一对矛盾体中，又有矛盾的主要方面与次要方面之分，主要方面是推动矛盾运动、决定矛盾性质的主要因素。这是矛盾运动的普遍法则，适用于包括作战指挥在内的万物众生。

作战指挥是思维活动与行为活动的统一体，是双方指挥员信仰、智慧、胆识、意志的综合较量，是双方作战指挥系统与作战指挥活动的整体对抗。

从宏观上讲，战争外在呈现为作战力量的有形对抗，内在呈现为作战指挥的无形较量。而且很大程度上，作战指挥这一无形较量决定与主导作战力量这一有形对抗。即在敌我作战指挥这一较量对抗的巨型矛盾体中，谁处于上风，谁在作战指挥上赢得优势，谁就更易掌握战争的主动权。

从微观上讲，敌我作战指挥的整体对抗中，既包括敌我作战指挥手段对抗、作战指挥理论对抗、作战指挥方式对抗、作战指挥人员素质对抗，以及由此衍生的作战指挥活动对抗，又包括战略指挥对抗、战役指挥对抗、战术指挥对抗等诸多矛盾体。作战指挥的对抗态势，不是某一矛盾对抗就能简单定格的，而是诸多矛盾体较量后的综合结果。

行动上的自觉源于认识上的清醒。从理论上理解了作战指挥矛盾主要方面在推动作战指挥运动发展中的地位作用与作用机理，有利于指导开展作战指挥系统建设与作战指挥活动实践。

一、作战指挥的主要矛盾是推动作战指挥发展的主要动力，作战指挥矛盾的主要方面是决定作战指挥矛盾性质的主要因素

重心的重心，主力的主力，自然要求要努力掌握作战指挥主要矛盾的主要方面。这一原理反映到作战指挥建设与作战指挥活动中，有三种呈现方式：

一是找到己方作战指挥系统的最大短板弱项，抬高己方作战指挥效能的最低限高点。

木桶短板定律告诉我们，决定木桶盛水量的不是最长的板子，而是最短的板子。注重问题导向，加长或强化作战指挥系统的最大短板与弱项，针对性消除作战指挥效能提升的限制因素，是提高作战指挥效能最直接、最有效的方式。

不同时代，影响作战指挥效能的最大短板与弱项不同。如果说在我国国防和军队现代化建设相对落后的情况下，指挥手段落后是影响我军作战指挥效能提升的最大短板，那么长期以

来尤其是现在影响我军作战指挥效能的最大短板则是作战指挥人才问题。

1977年8月23日，在中央军委座谈会上的讲话中，邓小平对新时期人民军队军事素质特别是干部军事素质状况曾作出一个重要判断。他严肃地指出："要承认我们军队打现代化战争的能力不够。""特别是各级干部的指挥、管理能力弱。指挥现代化战争，包括我们老同志在内，能力都不够。要承认这个现实。"[1]

进入新时代，习主席再次深刻指出："军队各级干部指挥现代化战争能力不够，这是邓小平同志早就指出的问题，当前依然严峻地存在。"[2]"军队打现代化战争能力不够、各级干部指挥现代化战争能力不够，说到底是人才队伍能力素质不够。"[3]"我军真正懂打仗、会指挥特别是精通联合作战指挥的人才还比较匮乏，这是制约我军能打仗、打胜仗的一个突出短板。"[4]此外，习主席又在多个场合多次提到联合作战指挥人才短缺与培养问题，多次表达对联合作战指挥能力提升问题的忧思与关切，多次表达了要注重作战指挥人才培养问题。

二是找到改变己方作战指挥系统的结构重心，激活提高己方作战指挥效能的最大因子。

1　《邓小平文选》（第二卷），北京：人民出版社，1994年，第61页。

2　苗华：《从严抓好干部队伍建设》，《人民日报》，2015年8月3日。

3　中央军委政治工作部：《习主席国防和军队建设重要论述读本》，北京：解放军出版社，2016年，第92页。

4　中央军委政治工作部：《习主席国防和军队建设重要论述读本》，北京：解放军出版社，2016年，第93页。

提高己方作战指挥效能主要有三种途径：

第一种途径是解决作战指挥的最大短板弱项，这一途径在前文已经论述。

第二种途径是找到提高作战指挥效能新的最大生长点。很多情况下，第一种途径与第二种途径具有统一性，即作战指挥系统的最大短板与弱项往往就是制约作战指挥效能的最大限制性因素，作战指挥效能的最大生长点就是解决作战指挥系统的最大短板与弱项。比如，当前影响我军作战指挥效能提升的最大不确定性因素就是指挥人才尤其是联合作战指挥人才欠缺，提高我军作战指挥效能最有效的方式就是加大作战指挥能力尤其是联合作战指挥能力培养。

第三种途径是受制于主客观条件限制，解决次等短板与弱项或第二生长点（这种途径是前两种途径的替代路径，第一种途径或第二种途径可行时，就不存在第三种途径）。比如，在新中国建立前的土地革命战争、抗日战争、解放战争及新中国刚刚成立后的抗美援朝战争中，作战指挥对象（武器装备）与作战指挥手段落后是影响我军作战指挥效能的最大短板，理论上也应是提升我军作战指挥效能的最大因子。但受制于科学技术水平与国防工业生产能力，创新作战指导就成为提升作战指挥效能的最大因子（第三种途径）。

三是瞄准对手作战指挥系统的软肋与命门，通过弱化对手作战指挥效能，实现己方作战指挥效能的相对性提升。

从根本上讲，实现作战目标有两种途径：一是保存自己，二是消灭敌人。保存自己的目的是为了消灭敌人，消灭敌人可以更好地保存自己，两者具有辩证统一性。

在敌我作战指挥系统对抗这一矛盾体中，道理亦是如此。为在作战指挥对抗中获取优势，也有两种途径：一是提高己方作战指挥效能，二是弱化敌方作战指挥效能。提高己方作战指挥效能可以更好地弱化敌方作战指挥效能，弱化敌方作战指挥效能一定程度上也是相对性提高己方作战指挥效能。

在第一种途径上努力奔跑的同时（尤其是效益不高时），要尽力找到敌方作战指挥系统的软肋与命门，发展颠覆性技术手段，对敌方作战指挥系统实施失能性或瘫体性打击，使敌方作战指挥效能实现断崖性下跌。

当前，战场信息网络体系是支撑作战体系运转的基本依托，情报链、指挥链、打击链、行动链、保障链等任何一项链路都离不开网络信息体系的支撑。丧失是依赖者的命门！围绕瘫痪对方作战指挥网络，发展高位阶、大功率与精准化消网、阻网、断网、乱网技术手段，对战场网络体系的关键节点实施点穴式打击，也是赢取作战指挥优势、掌握作战指挥主动的重要举措。

二、作战指挥对抗态势是作战指挥系统诸多矛盾运动结果的综合呈现，想要掌握作战指挥的主动要尽可能掌控更多矛盾的主要方面

准确把控主要矛盾的主要方面，聚焦主要矛盾定向发力固然是好事，可以起到事半功倍的效果。但推动作战指挥发展的不是一个矛盾，而是多个矛盾，决定矛盾性质的不是一种因素而是多种因素，而且主要矛盾与次要矛盾是动态变化的，准确

无误地掌握作战指挥的主要矛盾只是理论上的应然，在实践中绝非易事。

为了防止错判、错失主要矛盾，为了在处理作战指挥矛盾运动中更加主动与游刃有余，对于大部分军队的大部分决策者与指挥员，最好的方式就是对作战指挥手段、作战指挥理论、作战指挥体系、作战指挥活动、作战指挥人才队伍等作战指挥涉及的各要素、各环节，全面建设、重点准备，争取在与对手作战指挥系统建设与作战指挥能力提升竞力的赛场上掌握更多的矛盾面，以此掌握作战指挥对抗的主动权。

对于这一道理，也许大部分人没有理论上的刻意认知，但多数人已经具有实践上的行动自觉。

三、矛盾的主要方面与次要方面不是一成不变的，而是动态发展的

孤立、静止是机械唯物论的基本立场，联系、发展是辩证唯物论的基本观点。正如生产力决定生产关系，并非说明任何条件下生产力都是推动社会发展的主要方面，社会发展很多时候也是通过调整生产关系实现的一样，决定作战指挥矛盾运动的主要方面与次要方面，也不是固定的、绝对的，而是动态发展的。

纵观作战指挥手段的发展演变，以现在的眼光看，我们可以大体将其划分为手工式指挥、机械化指挥、信息化指挥及即将全面到来的智能化指挥。但它绝不是段落式的回车过程，而是一个矛盾主要方面与次要方面动态演变的过程。

比如，电报、无线电台等机械化指挥手段较之金、鼓、旌旗、喇叭等手工式指挥手段具有无可比拟的性能优势，但在机械化指挥手段广泛应用战场前，手工式指挥手段仍然是决定作战指挥历史属性的主要方面，作战指挥仍然属于手工式指挥，但当电报、无线电替代金、鼓、旌旗、喇叭等演变为指挥手段的主要方面时，作战指挥自然就迈入机械化指挥时期。

同样，在网络信息手段面前，无线电台的性能自然逊色很多，但在计算机技术、网络技术比较落后的情况下，指挥员仍然主要依靠无线电技术手段实施作战指挥，作战指挥的属性是机械化指挥。当战略指挥网、战役通信网、战术互联网等网络信息系统发展成熟，替代无线电台成为作战指挥的主要手段时，就成为推动作战指挥发展的主要方面，作战指挥自然就迈入信息化指挥时期。并且不难预测，虽然近几年信息化指挥手段仍然是指挥手段的主要方面，但在不久的将来，智能化指挥手段替代信息化指挥手段成为指挥手段的主要方面，将是不可逆转的必然趋势。

四、要以联系发展的眼光把握作战指挥矛盾运动的主要方面与次要方面

说到底，对于军队建设的主要决策者与指挥员，最为重要的就是把握作战指挥矛盾运动的主要方面。那么，如何把握作战指挥矛盾运动的主要方面呢？这是一个极为重要、极为复杂的问题。从推动作战指挥变革的主要动因看，有三个视角窗口可供透视：

一是科学技术的发展前沿。科学技术是最具活力最具革命性的因素，每一次重大科学技术进步都会引发战争形态和作战样式的深刻变革，是推动作战指挥发展最根本的因素。抢先占位科学技术的发展前沿，就赢得了作战指挥发展的根本优势，就掌握了作战指挥矛盾对抗的主要方面。

二是战争形态的演变趋向。有什么样的战争，就需要什么样的作战指挥，战争形态的演变趋向决定作战指挥的发展趋向。作战指挥发展与战争形态演变具有契合性、一致性。当战争形态发生改变时，推动作战指挥矛盾运动的主要方面肯定已经发生改变了。认清战争形态演变的基本面，作战指挥发展的基本面自然清晰可见了。

三是强敌对手的发展动向。说到底，作战指挥不是一方的独角戏，而是作战双方互为博弈、互为对抗的过程。对手尤其是最强对手的国防战略、军事指导、建设重点，不仅反映作战对手作战指挥的未来定位与基本形态，很大程度上也是己方战争准备包括作战指挥准备的重要考虑因素。

简而言之，作战指挥不仅有主要矛盾与次要矛盾之分，也有矛盾的主要方面与次要方面之分。作为军队建设的主要决策者与指挥员，最为理想的方式是直接抓住主要矛盾的主要方面，精确激活作战指挥效能提升的最大因子。但主要方面与最大因子的呈现形态不同，有时是解决作战指挥系统的最大短板弱项，有时是激活作战指挥效能提升的新技术、新理论。条件不允许，无法解决最大短板弱项与激活最大因子时，就退而求其次，解决第二短板与激活第二因素。但由于作战指挥矛盾的主要方面与次要方面是动态变化的，对于作战指挥的各要素、各环节都不能有丝毫懈怠。作为军队建设的主要决策者与指挥员，可以通过关注科学技术的发展前沿、战争形态的演变趋向、强敌对手的发展动向三个视角窗口，动态把握作战指挥矛盾主要方面与次要方面转换的脉搏与节拍。

作战指挥的过程就是处理各种矛盾的过程

矛盾犹如大江大海中的浪花，如果没有战场矛盾的激浊，战争就犹如一潭死水，泛不起一丝涟漪；矛盾犹如色彩斑斓的颜料，如果没有战场矛盾的调和，战争就会显得单调黯然，挥墨不出多姿多彩的画卷史诗；矛盾犹如钢琴指尖的高山流水，如果没有战场矛盾的悬泻，战争就奏响不出跌宕起伏、扣人心弦的恢宏旋律。

从一定意义上讲，作战指挥的过程就是处理战场各种矛盾的过程，就是调和战场敌我之间、上下级之间及各要素之间各种关系的过程。指挥员作战指挥的水平很大程度上能够在处理战场矛盾的能力上得到反映。

横观中外，纵观古今，无论主观上是否具有处理战场矛盾的清晰认知，但实践中善于治军强军的帝王将帅与能征善战的指挥员，无一不是善于处理战场矛盾的高手。分不清战场主要矛盾与次要矛盾，分不清矛盾的主要方面与次要方面，不会处理战场矛盾，处理不好战场矛盾，就谈不上懂作战、会打仗、善指挥。

一、定下作战决心的过程，就是静态处理战场矛盾的过程

作战指挥的过程可以大体分为两个段落：一是定下作战决心，二是实现作战决心。两个段落都是处理战场矛盾的过程。

定下作战决心前，指挥员需要全面了解与分析研判战场情况。其中，全面了解战场情况过程中，可能遇到侦查情报力量薄弱、情报技术手段难以满足需求、需要协调其他情报力量支援等这样那样的困难，解决这些困难的过程就是处理战场矛盾的过程。

搜集掌握战场情况后，如何拨开战场的迷雾，辨别信息真假？如何从繁冗粗简的信息数据中抽取提炼出高敏信息？如何将有限的有效信息服务满足于指挥员关键信息需求？如何综合引入各类数据，研判敌人真实作战企图与战场情况？解决这些问题的过程也是处理战场矛盾的过程。无论得出什么样的判断结论，大概率是有些方面敌方占优势，有些方面己方占优势，在此情况下如何得出综合结论？

得出战场态势综合判断后，如何处理上级作战企图、本级作战任务、战场态势之间的关系（尤其是战场态势与上级作战企图冲突时）？如何划分作战阶段，设计作战进程？如何确定作战力量编组、部署与任务？如何确定战役战法？如何确定指挥编组与构建指挥信息系统？两个以上的作战方案，各有优劣时如何取舍？等等。

这些问题中哪一项不需要指挥员综合考虑多方因素，哪一项不需要指挥员权衡处理？而且任何一项矛盾处理不好，都可

能会给作战结果造成不可挽回的影响。定下作战决心的艰难性很大程度上就是源自处理战场矛盾的艰难性。

二、实现作战决心的过程，就是动态处理战场矛盾的过程

定下作战决心过程中，指挥员需要综合处理错综复杂的战场矛盾；定下作战决心后，实现作战决心过程中层出不穷的战场矛盾也需要指挥员动态临机处置，而且后者的矛盾数量、难度、复杂度、重要性一点也不比前者"逊色"多少。

从确定作战决心到达到预定作战目的还有一段路要走，还需要经历制订作战计划、组织作战协同、组织临战训练、指挥控制部队行动等诸多过程。

在制订作战计划时，如何把握作战力量、作战时间、作战行动的颗粒度？如何在战场时空舞台上设计细化作战力量的具体作战行动，与作战任务和作战目标相匹配？

组织作战协同时，到底是时间协同、空间协同，还是任务协同？什么状态下，以什么力量为协同主体？如何规定协同动作、协同方法、协同保障与协同遭破坏后的恢复措施？

组织临战训练时，如何处理时间紧迫与训练任务重的矛盾？临战训练保障满足不了训练需求怎么处理？临战训练效果达不到预期目标怎么办？

部队在行动过程中，当战场情况与战前态势有大的偏差时怎么办？出现战前没有预想过的情况怎么处理？什么情况需要向上级报告，什么情况需要边处置边上报，什么情况可以先机处置？

当作战力量伤亡过大，明知无法完成作战任务，又与上级指挥通联中断时，是坚守战位继续完成任务，还是灵机转移保存有生力量？

同样，这些问题中哪一项不是指挥员在实现作战决心过程中面临的现实问题，哪一项不需要指挥员及时正确处理？

三、正确处理指挥机构内部矛盾，贯彻作战指挥的全过程

作战指挥的内部矛盾是推动作战指挥发展的主要因素，外部矛盾是推动作战指挥发展的次要因素，外部矛盾最终还是通过内部矛盾对作战指挥产生作用。

作战指挥机构作为作战指挥系统的核心中枢，是驱动与主导作战指挥活动的引擎。作战指挥机构运转的过程也是处理作战指挥机构内部矛盾的过程，指挥要素之间、指挥要素内部席位之间、上下级之间、指挥环节之间等作战指挥机构内部矛盾处理得如何，事关作战指挥系统能否正常顺利运转，事关指挥信息处理传递是否顺畅高效，直接决定作战指挥效能的生成与发挥。

无论是定下作战决心过程中的矛盾，还是实现作战决心过程中的矛盾，最终还是要聚集回流到作战指挥机构，还是要落到作战指挥机构来处理与解决。

随着指挥信息手段性能的提升，适应战争形态演变的需要，指挥机构虽然更加小型精干，但内部关系交织复杂，侦察情报、作战计划、作战控制、信息保障、后装保障等指挥要素间任何一项关系没有理顺，任何一项指挥要素内部编组缺位，任何一

个指挥人员失误，都会影响指挥信息处理，都会影响作战指挥机构的运转。

打个比喻，作战指挥机构就像一个高负荷运转的加工厂，但它不是批量生产，而是定向加工。它的原材料是各种不同类型、不同规格的战场矛盾，它的产品是与具体战场矛盾相对应的一条条清晰的作战指令。而且无论来料是什么样的矛盾，在它加工生产的过程中，还要处理运转过程中的自身矛盾。并且，其本身矛盾处理得如何直接决定产品等次与质量。

简而言之，战争是一个巨大的矛盾体，作战指挥的过程就是处理各种战场矛盾的过程。这些矛盾既包括力量要素间的关系矛盾，也包括作战行动间的逻辑矛盾，既包括空间横截面上的区域矛盾，也包括时间纵轴线上的前后矛盾。指挥机构尤其是主要指挥员的主要工作就是协调处理各种战场矛盾，而这一切工作的基本前提是把指挥机构的内部矛盾处理好。可见，建强指挥队伍、理顺指挥体系、优化指挥机构何等重要。

「第三章」
作战指挥认识论

如何认识作战指挥？作战指挥原则与作战指挥规律有什么关系？作战指挥与作战指挥控制是一回事吗？作战指挥究竟是一门艺术，还是一门科学？……我们如果对这些问题没有深入思考，不能说出所以然，就不算真正理解与认识作战指挥。

当然，不同人从不同视角来看这些问题，可能会有不同认识，也会给出不同答案。同时，对任何事物的认识都有一个不断深化的过程。这符合马克思主义历史唯物史观，也符合发展论、认识论的一般规律。随着战争形态和指挥方式的变革，我们对作战指挥的认识可能还会不断发生变化。

作战指挥视野

一个人的视野决定一个人的格局。同样，对于指挥员或指挥机构等指挥主体来讲，指挥视野不仅是实施作战指挥的视角窗口，决定指挥信息流的流量与流向，也是实施作战指挥的思维逻辑支撑，决定作战决策的质量与作战指挥的效能。

一、作战指挥视野的通观度需要随指挥层级提升而扩大

作战指挥视野的通观度，亦称作战指挥视野的范围大小。不同的指挥层级，指挥权力不同，指挥任务不同，需要关注的战场空间大小与需要的指挥视野大小也不同，作战指挥视野的通观度应与指挥层级的高低相匹配。

一是指挥权力有多大，指挥任务就有多大。

从一定意义上讲，作战指挥的过程就是通过对所属作战力量与作战资源的调度与运用，遂行作战任务达成作战目的的过程。指挥层级越高，权力越大，所掌控的作战力量与作战资源越多，作战任务与作战行动就越复杂，指挥对象、指挥关系、指挥活动及由此产生的指挥任务就越多与越复杂。换句话讲，作战指挥不仅是一种权力，也是一种责任与任务。责任与权力相生相长。虽然同样是掌握战场情况这一作战指挥活动，与战术战斗级指挥员或指挥机构相比，战略级指挥员或指挥机构，需要关注与掌握整个战场空间的所有敌情、我情、战场环境，

其对应的指挥对象、指挥关系可能不仅涉及作战行动，还涉及政治、经济、文化、外交、社会活动，即指挥任务更加繁重。

二是指挥多大的战场，就需要通观多大的战场。

"指挥员的正确的部署来源于正确的决心，正确的决心来源于正确的判断，正确的判断来源于周到的和必要的侦察，和对于各种侦察材料的联贯起来的思索。"[1] 了解战场情况是实施作战指挥活动的第一链条。不了解掌握相应战场情况，作战指挥就是瞎指挥、乱指挥。

具体来说，对于最高战略指挥员或指挥机构来讲，负责指挥整个战争，当然需要俯瞰整个战场全局；对于某一作战方向战役指挥员或指挥机构来讲，负责指挥某一战场方向，主要需要掌握某一战场方向整体情况；对于战斗指挥员或指挥机构来讲，负责指挥某一作战地域，主要需要掌握该作战地域的战场情况。

当然，了解全局能够更好地看清局部，之所以如此进行切分，并非说明指挥员或指挥机构不应或不需了解其担负指挥任务对应战场空间之外的其他情况，只是一般意义的理论对照。

三是指挥层级越高，对指挥素质的构成要求越高。

说到底，作战指挥是人参与的主观能动活动，作战指挥视野不是客观战场环境在指挥主体大脑中简单的"物理反射"，而是经过指挥主体"主观认识"这层滤镜折射后所形成的主观景象。即作战指挥视野的通观度不仅取决于战场信息源窗口的大小——侦察监视的范围大小，而且受制于指挥主体指挥素质

1　《毛泽东选集》（第一卷），北京：人民出版社，1991年，第179页。

构成的横截面大小。数点古今中外诸多善于作战指挥的战略级指挥员,孙子、克劳塞维茨、拿破仑、毛泽东等,哪一个不是集战略家、思想家、军事家等诸多"头衔"于一身?哪一个不是从政治、经济、军事、文化、社会、外交等多个维度考究与审视战争?可以十分肯定地讲,战略级指挥员需要精研于作战指挥与军事,但仅擅长作战指挥与军事的绝对不是一位优秀的战略级指挥员。

通观指挥体系结构,可以发现一个也许纯属巧合但非常有意思的现象:指挥体系结构由下向上呈现越来越小的"金字塔"形,但指挥主体素质构成的横截面由下向上越来越大。

二、作战指挥视野的颗粒度需要随指挥层级降低而提升

作战指挥视野的颗粒度,也可称之为作战指挥视野的分辨率。不同的指挥层级,由于担负的作战任务不同、指挥任务不同,决定作战指挥视野的颗粒度大小也不同,作战指挥视野的颗粒度应与作战指挥层级相匹配。

一是作战指挥精力不是无穷的,而是有限的。

无论再伟大的指挥员,无论再高效的作战指挥机构,其指挥精力总是一定的。就像使用望远镜眺望远方,只要望远镜不变,镜头范围越小越清晰,镜头范围越大越模糊。要想观收更大范围的美景,只能以牺牲清晰度为代价;只有把观收范围缩小,镜头成像的清晰度就会提高。作战指挥活动也是如此。

毫无疑问,仅从指挥信息传输处理能力来讲,如果能将战场中所有作战力量、所有作战行动的所有信息全息传送给作战

指挥机构，如果各个层级作战指挥机构都能将每个单兵的作战行动尽收眼底，这无疑是极为理想的。但问题的关键是，作战力量编成决定作战指挥机构编成，受制于作战指挥机构自身作战指挥能力的限制，大部分作战指挥机构能够履行指挥所属作战力量的职能就不错了，它怎么可能将精力同等分配于其他作战力量？

二是指挥层级越高，指挥视野的颗粒度越大。

对于战役级指挥机构来讲，需要关注战役全局，关注战役全局走向，关注主要战役方向与主要战役阶段，如果说要关注细节，其指挥颗粒度也应是战役节点（决定战役进程的重要时节与战术行动）；对于战略级指挥机构来讲，更需要关注战略全局，关注战争全局走向，关注主要战略方向与主要战略阶段。如果说要关注细节，那么这种细节的内涵也绝对不等同于战役战术细节，它的指挥颗粒度是战略节点（决定战争进程的重要时节、关键战役与具有战略影响的战术行动）。

三是指挥层级越低，指挥视野的颗粒度越小。

战略级指挥机构负责指挥整个战场全局，指挥对象是所有参战力量；战役级指挥机构负责指挥整个战役，指挥对象是作战集群；战术级指挥机构负责指挥战术行动，指挥对象是具体任务部队；指挥班组负责指挥班组行动，指挥对象是人装结合的武器平台。随着指挥层级的降低，指挥力量越来越少，指挥行动规模越来越小，指挥视野的关注范围越来越小、越来越精细。

比如，联合渡海登岛作战中，战略级指挥机构指挥的颗粒度大小是什么时候发起登陆作战、有没有登上；战役级指挥机构指挥的颗粒度大小是在什么地段登陆、什么作战力量登陆、各军种作战力量如何协同作战；战术级指挥机构指挥的颗粒度大小是具体登陆点在哪里、各群队登陆先后顺序是什么、具体登陆方式与战术手段是什么；各武器平台指挥班组指挥的颗粒度大小是登陆舰船编队顺序是什么、登陆舰船出现意外情况如何处置等。

三、作战指挥视野的聚焦点需要随作战重心转移而转移

"不观全局者，不足谋一域。"作战指挥过程中，指挥员需要"眼观六路、耳听八方"，需要有大视野、大正面，以掌握战争全局，从全局出发指挥作战行动。但这不代表作战指挥视野不需要聚焦，恰恰相反，放眼全局，是为了更好地聚焦作战指挥重心，并且指挥视野随作战重心的转移而转移。

一是作战指挥视野向主要作战方向聚焦。

主要作战方向是整个战场的重心，是物质流、信息流、能量流的主要汇聚地，是作战筹划和指挥控制的重头戏，是决定作战态势走向和整个作战结局的主要方面，需要作战指挥全程关注和聚焦。通常来说，主要作战方向在作战筹划时确定，并且一经确定不会轻易更改。因此，如果说在主要作战方向确定之前，作战指挥视野需要普照整个战场，那么主要作战方向确定后，作战指挥的重心则必须向主要作战方向倾斜。

主要作战方向有层次之分。从战略层次看，可以分为主要战略方向与次要战略方向；从战役层次看，主要战略方向包括主要战役方向和次要战役方向，次要战略方向包括主要战役方

向与次要战役方向；从战斗层次看，主要战役方向包括主要战斗方向和次要战斗方向，次要战役方向包括主要战斗方向和次要战斗方向。确定主要作战方向时，各级重点关注各级的主要作战方向，下级主要作战方向要与上级作战方向相一致。主要作战方向确定后，也并非一成不变。当敌方作战力量布势发生根本性翻转，主要作战方向进展遭遇灾难性战损，次要主要作战方向出现难得性良机，也可慎重决策变次要作战方向为主要作战方向。

二是作战指挥视野向重要作战时节聚焦。

不同作战阶段，作战重心不同，作战指挥关注的内容和工作重点不同。以联合岛屿进攻作战为例，战斗发起前，战前筹划是重要时节，作战指挥要向如何快速全面获取战场情况、如何在已有作战方案的基础上快速修订作战决心聚焦。战斗发起后，跨海输送阶段，装载上船、换乘和泛水编波是重要作战时节，作战指挥要向如何筹划使用输送兵力，以及如何快速有序换乘、快速有序泛水、快速有序展开聚焦；立体登陆阶段，抢滩上陆为重要时节，作战指挥要向如何扫残破障、如何协同上陆聚焦；岛上作战阶段，抗敌反击和攻防转换是重要时节，作战指挥要向如何设障阻止、如何调整兵力部署和组织防卫聚焦。

三是作战指挥视野向重点作战行动聚焦。

作战指挥服务于作战行动。作战行动有主次、轻重、缓急之分，作战指挥也应向主要作战行动、核心作战行动和急迫作战行动聚焦。但不同的作战样式，重点作战行动不同；同一作战样式，不同的作战阶段，重点作战行动也不同。

比如，联合岛屿进攻作战，重点作战行动是跨海航渡、立体登岛；海上机动作战，重点作战行动是海空交战；防空反导作战，重点作战行动是反空袭；海外作战，重点作战行动是特种突袭。一般意义上讲，战前布势阶段，重点作战行动是侦察监视和预警探测；瘫体夺权阶段，重点作战行动是火力打击、网电对抗；推动战局阶段，重点作战行动是兵火突击和综合防护；稳定战局阶段，重点作战行动是联合清剿、防卫作战和攻防转换。什么行动重要，作战指挥就要重点关注什么行动。适应作战阶段的转换，作战指挥的关注重心和力量资源投放也要适时转移。

四、作战指挥视野不仅取决于战场观察力更取决于战场认知力

战场观察力是获取战场情况的能力，战场认知力是对战场情况分析判断和得出结论的能力。战场观察力不等于战场认知力。战场观察力是外功，战场认知力是内功。作战指挥视野是观察力和认知力共同作用的结果，是对战场情况的洞察力。

一是战场观察到的情况不等于进入指挥主体的视野。

情况是获取后没有经过处理的数据，信息是从获取情况中提取的有用数据。观察是"OODA"环的第一链路，是作战指挥活动的逻辑起点，观察能力或获取情况的能力直接决定作战指挥的后续活动。无源则无流，获取的战场情况是作战指挥信息的源头。但是，并非获取的所有战场情况都能进入作战指挥视野，只有指挥主体认为对作战指挥有用的信息才会进入作战指挥视野。

打个比喻，就像渔夫撒网打鱼一样，一网下去捞上很多种类各异、大小不等的海生物，渔夫只会捡一些有食用价值的大鱼，对于很多小虾杂蟹可能会视而不见。当然，在这些根本没有进入渔夫视野的"小虾杂蟹"中，有可能因为渔夫的粗疏与认知缺陷而错失一些稀贵珍物。同样，在指挥主体没有注意的战场情况里，也有可能存在一些价值重大的信息，从指挥主体的眼边"溜走"。

二是战场观察的不一定是真实的。

从内涵上讲，作战指挥视野不是看到的战场表象，而是经过鉴别过滤的真实战场情况，是指挥员心中的战场。自古以来，战场不是透明清澈的，而是充满迷雾与混浊的。在庞杂的战场情况池中，有些战场情况是对方故意散布的虚假信息，有些战场情况是与作战指挥没有关联的无用信息，有些战场情况是价值不高的过时信息，这些信息会遮蔽指挥员的双眼，迷惑指挥员的心智，干扰指挥员的判断。战争的不确定性主要源于战场的迷雾，作战指挥的作用与价值主要体现在拨开战场的迷雾，消除作战进程中的不确定性。

作战指挥的过程，很大程度上就是对获取的战场情况去粗取精、去伪存真、由外及内、由表及里的分析判断过程，就是过滤战场杂质、透视战场迷雾、构画真实战场的过程；作战指挥视野的构建与聚焦过程，就是对观察获取的情况鉴别、比对、融合分析和综合判断的过程。

三是作战指挥视野可能大于战场观察的范围。

无论是从战场感知能力看，还是从作战指挥效益看，对于任何一支军队，一般来说均不可能将整个战场空间的所有战场情况全部收揽。但优秀的指挥员通过对零碎、散乱、有限战场情况的分析、推理，能够参透战场情况的外延、内涵，能够根据已有战场情况之间的规则逻辑，推导与填补战场情况之间的缺失板块，从而拼接组合出一个完整的战场。

即作战指挥视野并非局限于获取的有形战场情况，借助感知力的望远镜、思维力的透视镜、想象力的夜视镜，能够拓展和呈现更加宽阔、更加真实的战场。

登高望远天地阔，纵横捭阖自从容。不同的指挥层级需要不同的指挥视野。筑垒思想高地，提升站位格局，尽收战场全域于眼底，调取指挥需求于自如，视野颗粒度该大则大、应小则小，以高分辨率认知透视战场。

作战指挥的统一性与层次性

作战指挥的过程，既是上级向下级下达作战指令的过程，也是下级执行上级作战指令的过程，上级作战指挥与下级作战指挥之间具有高度的统一性。但下级作战指挥又不等同于上级作战指挥，在具体内涵和运行机制等各个方面，两者之间又具有鲜明的层次性。

一、作战目标既具有统一性又具有层次性

作战目标（作战目的）是通过作战行动要达成的预期结果，是各级作战指挥的首要考虑因素。

作战目标的统一性体现在，下级作战目标要符合上级作战企图，即歼敌的数量、攻占的地区、夺取的目标、控制的时间、达成的态势等必须与上级的总体设想与要求相一致。如果与上级作战意图不一致或者相违背，无论下级仗打得再漂亮、取得的战果再辉煌都是徒劳。

电视剧《亮剑》里，李云龙成功攻打平安县城，客观上看取得的战果不可谓不辉煌，但后来还是被旅长训斥，主要原因就是李云龙不仅搅乱了整个晋西北的抗日军事部署，而且这种作战方式与上级"以敌后抗日游击战为主、避免阵地攻坚战，保存有生力量"[1]的战略企图不一致。

作战目标的层次性体现在，作战目标具有战略、战役、战术之分，各级作战目标不能上下一般粗，从上到下作战目标越来越明确、越来越具体。比如，从战略层次上，一方作战目标可能是推翻另一方政权；为达成战略目标，从战役层次上，A方向作战集群的作战目标可能是杀伤另一方10万人的有生力量，B方向作战集群的作战目标可能是快速突入对另一方政权首都形成合围之势；为达成战役目标，从战术层次上，A方向作战集群第1作战群的作战目标可能是歼敌5000人，第2作战群的作战目标可能是歼敌2000人，第3作战群的作战目标可能是扼守某条通道2小时阻敌外围力量增援，第4作战群的作战目标可能是占领某作战地域实施战场割裂……

下级作战目标与上级作战目标的贴合度可能没有那么紧，

1　据张大彪统计，当时独立团共1万人左右，攻打一次平安县城损失约3000人。

并非上级作战目标是歼敌，下级作战目标一定是歼敌，上级作战目标是占地，下级作战目标也一定是占地。但从内核上看，下级作战目标根据上级作战目标确定，下级作战目标服务与服从于上级作战目标。上级作战目标是确定下级作战目标的依据，对确定下级作战目标具有决定性作用，下级作战目标是上级作战目标的分支，支撑上级作战目标的实现。

二、作战任务既具有统一性又具有层次性

简单地讲，作战目标是要达到的终止状态，作战任务是要达到终止状态需要做的事（比如，指挥所构筑与维护队的作战目标是确保指挥机构安全稳定指挥，作战任务是开设指挥所与保障指挥所转移）；作战目标通常只有一个，作战任务可能为多个（比如，作战目标是解除敌作战能力，作战任务可能包括歼灭敌有生力量、瘫痪敌作战体系、瓦解敌作战意志等）。具体来说，作战任务是作战力量为达成预定作战目标而担负的任务，是作战目标的具体化，通常以作战命令的形式下达。

作战任务的统一性体现在，下级作战任务、任务标准和完成时限通常由上级明确，下级作战任务内含于上级作战任务之中，下级作战任务的完成程度直接影响与共同决定上级作战任务的完成程度，下级作战任务完成不了，上级作战任务完成就是一句空话。

作战任务的层次性体现在，与作战目标的层次性类似，从战略层到战斗层，上级作战任务逐级细化分解为若干下级作战任务，若干下级作战任务拼接组合为上级作战任务；先确定上

级作战任务，后明确下级作战任务；上级只明确下级作战任务的完成时限与标准，但下级具体怎么完成任务，可以充分发挥自身的主观能动性；下级不同分量的作战任务完成程度对上级作战任务完成的影响程度不同：次要下级作战任务的完成程度对上级作战任务完成的影响具有相对性，个别次要下级作战任务是否完成对上级作战任务影响有限，但多个次要下级作战任务完成程度的涌现性作用，对上级作战任务的完成可能产生决定性影响。

三、作战筹划既具有统一性又具有层次性

作战筹划是对作战行动的运筹谋划、基本设计和计划安排，是作战指挥的思维活动。按照层级分为战略筹划、战役筹划和战斗筹划。按照程序包括启动筹划、理解作战任务、分析判断情况、定下作战决心、下达作战命令、制订作战计划、组织作战协同和保障、进行临战准备等。

作战筹划的统一性体现在，下级作战方针不能违背上级作战方针；下级力量运用不能超出上级明确的力量编成；下级行动设计要符合上级整体行动设计；下级作战协同要在上级作战协同框架内组织；下级交战规则不能与上级交战规则冲突；下级作战准备时限不能超出上级作战准备时限；上下级的指挥权限、指挥职责、指挥关系的确定要以整个作战指挥体系为基础；在战场态势实时共享的前提下，上下级之间可以同步理解作战任务、同步分析判断情况，同步拟制作战方案……

作战筹划的层次性体现在，各级指挥机构具有相应的职责

与权限,上级指挥机构对下级指挥机构不能越俎代庖;沿循指挥体系,从上到下指挥权限越来越小,指挥职责越来越轻,作战筹划的颗粒度越来越小;较之上级作战方针,下级作战方针更加明确具体;上级只明确下级的力量编成,但不明确下级的力量编组;在与上级协同规划和交战规则不冲突的情况下,下级可以自主确定约束内部行动的协同和交战规则;下级可以在上级明确的作战准备时限时,缩短作战准备时限,自主计划安排工作和进行作战准备;上级定下作战决心后,下级才能定下作战决心,上级下达作战命令后,下级才能下达作战命令,上级制订作战计划后,下级才能制订作战计划(这里指的是上级作战计划完全确定后,下级作战计划才能完全确定,并非表明上级在制订作战计划过程中,下级不能同步展开作战计划的制定,制订作战计划的工作可以同步推进)。

四、指挥控制既具有统一性又具有层次性

指挥控制是指挥机构对编成内的作战力量组织、协调、掌握和制约的活动,是推动作战筹划向作战行动转化的实践环节,旨在确保指挥意图和作战决心的贯彻和实现。

指挥控制的统一性体现在,上级确定作战发起时间要结合下级作战准备情况,下级的作战发起时间要依据上级的作战发起时间而确定;上级要根据下级作战任务完成程度和战场态势进展,适时协调控制作战行动甚至调整作战决心,下级作战行动与作战决心要根据上级作战决心调整而调整;下级要聚焦上级指挥控制的主要作战方向、重要作战环节、关键作战行动而

实施重点指挥控制；下级不能突破上级赋予的权限实施指挥控制；上下级之间要按照统一的战场划分和时空基准进行战场管制；各级作战行动都要融入联合作战行动，要在联合作战指挥体系指挥控制的框架内运行。

指挥控制的层次性体现在，上级作战发起时间通常是上级编成内所有作战力量中最早发起作战的时间，并不等于下级作战发起时间，下级作战发起时间要根据上级作战计划确定；上级只向下级明确完成作战任务的标准与时限，但下级究竟采取时间控制、空间控制、目标控制、任务控制、规则控制、进程控制、态势控制等哪一种指挥控制方法，由下级根据武器装备、指挥手段和战场实际确定；上级指挥控制的主要作战方向不一定是下级指挥控制的主要作战方向，上级指挥控制的关键作战行动不一定是下级指挥控制的关键作战行动；各级融入联合作战体系的方式方法要根据自身实际确定。

从哲学的角度讲，作战指挥统一性的对立面是作战指挥的相对性。作战指挥的层次性是作战指挥相对性在上下级之间的反映。当然，除了上下级之间，作战指挥的统一性与相对性还体现在横向上的作战协同关系、业务上的作战指导关系、行动上的作战支援和作战保障关系。

作战指挥规律与作战指挥原则

人们经常会把作战指挥规律与作战指挥原则挂在嘴边，都想探寻与把握作战指挥规律与作战指挥原则，以求在作战指挥活动中获取指挥优势，并进而获取作战优势。那么，究竟什么是作战指挥规律？什么是作战指挥原则？作战指挥规律与作战指挥原则有何区别？又有何联系呢？

规律与原则俨然已经成为各个领域的"公共"关键词，如果不总结出几条规律与原则，似乎总觉得在某一领域或对某一事物研究不深入、认识不深刻。殊不知，无论是规律还是原则，都不是心血来潮的冲动，也不是随随便便能够"总结"或"创造"的。只有认识事物的本质与内在深层逻辑关系，才能更好更准确地把握事物的发展趋势。同样，要想"总结"出符合实际的作战指挥规律与作战指挥原则，必须首先从认知底层深化对作战指挥规律和作战指挥原则本质与内在关系的理解与认识。

一、作战指挥规律与作战指挥原则的本质

本质是事物内在的、固有的、根本性属性，是一事物区别于另一事物的根本标志。只有深刻认识与准确把握作战指挥规律与作战指挥原则的本质，才能透彻地理解作战指挥规律与作战指挥原则的区别与联系。

正如作战指挥是作战与指挥（组织领导）的集合体一样，作战指挥规律既是战争规律在指挥（组织领导）领域的特殊反映，也是指挥（组织领导）规律在战争领域的特殊反映。换句话讲，作战指挥规律是战争规律与指挥（组织领导）规律的交集，具有战争规律与指挥（组织领导）规律的双重属性。同样，作战指挥原则既是作战原则在指挥（组织领导）领域的特殊反映，也是指挥（组织领导）原则在作战行动领域的特殊反映。换句

话讲，作战指挥原则是作战原则与指挥（组织领导）原则的交集，具有作战规律与指挥（组织领导）规律的双重属性。

其一，作战指挥规律是一种客观存在，作战指挥原则是一种主观创造。

毛泽东认为，"客观事物的内部联系，即规律性"[1]。列宁指出，"规律就是关系……本质的关系或本质之间的关系"[2]。作战指挥规律是作战指挥活动中客观存在但看不见摸不着，同时规制作战指挥活动实际运行的内在的、本质的、必然的关系。

从古至今，无论人们是否充分认识到这种"关系"，无论人们是否准确把握这种"关系"，它都不以人主观意志为转移地客观存在于作战指挥活动之中，它都自始至终地导控与制约着作战指挥活动的进行与作战指挥效能的发挥。因此，这是任何研究作战指挥、从事作战指挥的人不得不关注、不得不解决的问题。

与作战指挥规律不同，作战指挥原则是人们基于对作战指挥规律的认识，结合各自军队建设情况，人为制定用来指导作战指挥的规则。换句话讲，同一时期基于同样的作战指挥规律，可能创造出完全不同的作战指挥原则。再退一步讲，是否制定作战指挥原则，如何制定作战指挥原则，作战指挥原则制定得是否科学合理、是否符合作战指挥规律、是否具有实践操作性，完全取决于制定作战指挥原则主体的战争认知水平、指挥素养与思想态度。

1　《毛泽东选集》（第三卷），北京：人民出版社，1991年，第801页。

2　《列宁全集》（第三十八卷），北京：人民出版社，1990年，第161页。

其二，作战指挥规律与作战指挥原则都不是一成不变的。

按照马克思主义唯物史观，任何事物都不是一成不变的，都是运动发展的。虽然作战指挥规律是作战指挥活动中内在的、本质的、必然的关系，但这种关系也绝对不是静止的，而是运动发展的。对此，毛泽东在《中国革命战争的战略问题》中就曾作出了"战争规律是发展的"论断[1]。这是因为不同时代、不同战争形态、不同地域的战争，作战活动肯定不同，而作战活动不同作战指挥活动也必然不同。

因此，要坚决反对"作战指挥规律永恒论"或"作战指挥规律不变论"，不能用一成不变的眼光去审视与对待作战指挥规律。同样，对作战指挥规律的认识也绝对不是一劳永逸的，而是一个历久弥新、常谈常新的持久性课题。与此相应，不同时期、不同作战样式、不同作战行动、不同作战环境的作战指挥原则必然不同，也必然会随其他矛盾运动而不断发展变化。

其三，作战指挥规律是作战规律在指挥领域的特殊反映，作战指挥原则是作战原则在指挥领域的特殊反映。

有什么样的战争就需要什么样的作战指挥，作战指挥与战争一直以来相伴相生、如影随形。同样，作为服务作战的作战指挥活动，在遵循与符合其自身规律的同时，必然也要遵循与符合作战规律，否则就不能很好地服务于作战活动。作战指挥规律不是在作战规律之外的另起炉灶，更不是违背作战规律，而是作战规律在作战指挥领域的特殊表现。

同样的道理，作战指挥原则也不是与作战原则没有任何关

1 　《毛泽东选集》（第一卷），北京：人民出版社，1991年，第170页。

系，更不是违背或与作战原则相冲突，而是作战原则在作战指挥领域的特殊表现。这也是为什么作战指挥原则与作战原则"相似度"那么高，以及为什么不同的作战样式作战指挥原则那么像的原因。

简言之，作战指挥规律必然符合作战规律，但又具有作战指挥规律的自身独特属性；作战指挥原则必然符合作战原则，同时也烙印着作战指挥原则的自身属性。

二、作战指挥规律与作战指挥原则的区别

虽然作战指挥规律与作战指挥原则都是作战指挥应该遵循的，都不能轻易违背，但作战指挥规律与作战指挥原则显然又是两个不同的事物，绝对不能将其混为一谈。两者在适用性、稳定性、隐蔽性等诸多方面均有明显差异。

其一，作战指挥规律比作战指挥原则具有更强的适用性。

如前所述，作战指挥原则是人们基于对作战指挥规律的认识，结合自身军队建设、不同作战样式、不同作战环境的指挥活动，人为制定的用来指导作战指挥活动的一般法则，具有很强的主观创造性。

即对于同一时期、同种作战形态、同种作战样式，作战指挥规律就是那个规律，没有任何社会属性，会公平公正地规制与影响双方作战指挥活动，不仅 A 方作战指挥活动需要遵循，B 方作战指挥活动也需要遵循。但作战指挥原则完全不同，其具有非常显明的社会属性。A 方制定的作战指挥原则即使再科学、再合理，也只能要求 A 方作战指挥机构遵循，对于 B 方作战指

挥机构没有任何约束力。另外，A方运用己方制定的作战指挥原则也许能够打很多胜仗，但用于指导B方作战指挥活动则完全可能一败涂地。即在战争形态的同一坐标下，相对作战指挥原则，作战指挥规律具有普遍适用性。

其二，作战指挥规律比作战指挥原则具有更强的稳定性。

如前所述，作战指挥规律并非是一成不变的，会随着战争形态的发展而变化，但作战指挥规律毕竟是规律，是作战指挥活动必然的关系，并非轻易就会改变。试想如果作战指挥规律朝秦暮楚、变幻莫测，怎么导控作战指挥活动？作战指挥又该如何遵循作战指挥规律？怎么去探寻作战指挥规律？探寻作战指挥规律又有什么价值可言？

通常来讲，一种战争形态对应一种作战指挥形态，一种作战指挥形态对应一种作战指挥规律。战争形态没有发生明显变化，作战指挥规律一般不会变（当然，战争形态即使发生明显变化，有的作战指挥规律也不会变）。

反观作战指挥原则，每一次作战条令或指挥法规的颁布，都会相应地修订一次作战指挥原则，作战条令或指挥法规颁布的周期直接决定作战指挥原则更新的周期（虽然作战指挥原则前后也会保持一定的继承性）。即从时间上看，作战指挥规律较作战指挥原则具有更强的稳定性。

其三，作战指挥规律比作战指挥原则具有更强的严格性。

作战指挥规律是红线与刚性要求，必须严格遵循，任何情况下没有任何讨价还价的余地。作战指挥原则不同，通常情况下应该遵循。但有原则就有例外，特殊情况下刻板地遵守原则，就会犯"教条主义"的错误，就可能成为约束作战指挥活动高效展开的绳索与羁绊，就会制约作战指挥效能的发挥。

"攻而必取者，攻其所不守也；守而必固者，守其所不攻也。"作战指挥的最大魅力就是出其不意、攻其不备。如果一味地苛守作战指挥原则，反而与作战指挥的宗旨背道而驰。

其四，作战指挥规律比作战指挥原则具有更强的隐蔽性。

作战指挥规律是作战指挥活动内在的、本质的关系。这种关系看不见摸不着，更不会主动呈现。它"深深"地隐藏于作战指挥活动的最底层，需要研究者深入开垦、挖掘与探寻，这个过程异常艰难与困苦。另外，无论研究者素质再高、如何努力，探寻作战指挥规律也只是一个无限趋近的过程，作战指挥规律也不会完全穷极与呈现。即当前虽然经过几千年的研究探索，我们从各种文献中了解到的作战指挥规律很有可能只是作战指挥规律的冰山一角或表层。

作战指挥原则完全不同！它明明白白地被写入各种作战指挥条令或法规，对于特定时期、特定作战样式、特定作战指挥机构应该遵循的作战指挥原则有几条、各条究竟是什么，理论上讲是非常清晰与明了的，是可供学习与查询的。

其五，作战指挥规律是无形的，作战指挥原则是有形的。

作战指挥规律看不见摸不着，虽然有些军事专家与指挥员根据以往战争实践，总结出若干作战指挥规律，但这些规律是否正确，是否适应未来战争，仍然需要未来战争实践继续检验。

换句话讲，我们看到的作战指挥规律也许并非作战指挥规律的真身。但即使如此，作战指挥规律却始终不以人主观意志为转移地客观存在于作战指挥活动之中，规制着古往今来的所有作战指挥活动。作战指挥原则是人们根据对作战指挥规律的认识，为更好地组织指导作战指挥活动，人为地总结与拟制并用于遵守的规则条文，是实实在在能够看得见摸得着的。

三、作战指挥规律与作战指挥原则的联系

既然我们有些时候经常会把作战指挥规律与作战指挥原则混为一谈，说明两者之间必然有些"相似度"或者十分紧密的联系，足以引发人们对其认识产生"误解"。事实也的确如此，从理论层面讲，两者确实具有很强的逻辑关联性。

其一，作战指挥规律是制定作战指挥原则的基本遵循。

制定作战指挥原则的依据是什么？任何军事活动都有一定的目的性，都不会无缘无故地组织与展开。从根本上讲，制定作战指挥原则的目的就是确保作战指挥活动按照作战指挥规律有序高效运行。制定什么样的作战指挥原则，取决于有什么样的作战指挥规律与对作战指挥规律有什么样的认识。不能脱离作战指挥规律，随随便便地制定作战指挥原则。作战指挥原则符合作战指挥规律，才能有效服务与指导作战指挥活动，才能提升作战指挥效能，才能充分发挥作战指挥战斗力"倍增器"的作用；反之，如果作战指挥原则违背作战指挥规律，无论其辞藻如何华丽，也必然会使作战指挥活动内卷，必然折损作战指挥效能，削弱战斗力"倍增器"的作用发挥，甚至成为战斗力的"减速剂"。

其二，作战指挥原则是对作战指挥规律认识的反映。

作战指挥规律是制定作战指挥原则的基本遵循，但作战指挥规律不等同于作战指挥原则。作战指挥原则是作战指挥规律这一客观存在在人头脑中的主观反映与创造。作战指挥规律与作战指挥原则的关系是，先认识作战指挥规律，后制定作战指挥原则。虽然从理论上讲，有什么样的作战指挥规律，就应该有什么样的作战指挥原则与之相适应。但制定什么样的作战指挥原则不是取决于作战指挥规律本身，而是取决于对作战指挥规律的主观认识。对作战指挥规律认识得越深刻，制定的作战指挥原则就越与作战指挥规律相适应，作战指挥原则就越科学，就越能更好地指导作战指挥活动。对作战指挥规律认识得越浅显，制定的作战指挥原则与作战指挥规律的贴合度就越小，就越难以很好地指导作战指挥活动。即对作战指挥规律的主观认识是连接作战指挥规律与作战指挥原则的桥梁。

其三，作战指挥规律与作战指挥原则都是一种作战指导。

虽然作战指挥规律比作战指挥原则具有更强的适用性、稳定性，但无论是作战指挥规律，还是作战指挥原则，都是经过长期实践探索与理论研究之后的理性认识，都是为了更好地指导作战指挥活动。因此，通常情况下，作战指挥活动都不应轻易"冒犯"，都是作战指挥活动理应遵循的行动指南，都会制约与影响作战指挥效能的发挥。因此，在实际作战指挥活动中，作战指挥员对作战指挥规律与作战指挥原则都应保持一颗"敬畏"之心，不仅要严格按照作战指挥规律"办事"，也要慎重对待超出作战指挥原则的破格情况。

总之，作战指挥规律是作战指挥活动内在的本质的必然的联系。内在的，说明作战指挥规律具有隐蔽性，存在于作战指挥活动的最底层。作战指挥规律不会因我们敲锣打鼓而主动外现，也不是我们轻轻松松、随随便便、简简单单就会发现的，发现作战指挥规律是一个艰难困苦的过程，需要由此及彼、由表及里、去粗取精、去伪存真的认真思考与深入分析。本质的，说明作战指挥规律具有稳定性，能够代表与反映作战指挥活动最根本的特征，不会因作战指挥活动的表象变化而变化。必然的，说明作战指挥规律具有普遍性，无时无刻存在于所有作战指挥活动之中，所有作战指挥活动都遵循作战指挥规律。此时的作战指挥活动需要遵循，彼时的作战指挥活动不需要遵循，不是作战指挥规律；此地的作战指挥活动需要遵循，彼地的作战指挥活动不需要遵循，也不是作战指挥规律。但作战指挥规律不是一成不变的，会因战争形态、作战样式的发展变化而发展变化。

作战指挥原则是人们基于对作战指挥规律的认识，结合各自军队建设情况，人为制定用来指导作战指挥的基本规则，是人为的主观创造。作战指挥原则制定得是否科学，不仅取决于对作战指挥规律的认识程度，还取决于各国军队的实际情况。

对作战指挥规律理解得越深刻，制定的作战指挥原则就越科学。有原则就有例外，作战指挥原则只是作战指挥活动的一般行为规范，不是作战指挥必须遵循的铁律，更不是战争制胜的不变法宝。

较之作战指挥规律，作战指挥原则具有更强的时空差异性，不同的时代、不同的战争形态，需要不同的作战指挥，也需要遵守不同的作战指挥原则；不同的国家、不同的军队、不同的指挥员与学者总结出的作战指挥原则可能千差万别，甚至相互冲突与矛盾。彼国家或军队的作战指挥原则不一定适用于此国家或军队，某作战方向或作战地域恪守的指挥制胜黄金法则可能是另一作战方向或作战地域的诅咒"葬经"。作战指挥原则更不是一成不变的，更需要因时而变、因地而变、而情而变。

作战指挥与作战控制一样吗

从概念边界、判断标准、实施依据、主要特点、本质属性等多个维度，深度剖析作战指挥与作战控制的区别，对于规范术语使用与深化作战理论尤其是作战指挥理论研究具有根本性、奠基性作用。

作战理论上的清醒是确保作战筹划和作战行动正确与高效的首要前提。研究作战尤其是作战指挥问题，必须首先全面彻底厘清作战指挥与作战控制的关系。长期以来，我们一直习以为常地将"指挥控制"视为"标准"军语，从未质疑将"指挥"与"控制"常态化"合体使用"的准确性与合理性，似乎"指挥"与"控制"就是天生的同胞母体。但经过深入研究和剖析，其实作战指挥并不等同于作战控制，作战控制也不能代替作战指挥，更不能简单地以"指挥控制"模糊其中之一，两者在内涵、标准、依据、特点、属性等多个方面具有明显区别。

一、作战指挥的边界与内涵大于作战控制

概念是从感性认识上升到理性认识，能够反映事物本质属

性的抽象表达，具有内涵与外延之分。基于权威性文献给出的概念或定义，深度分析和准确界定作战指挥与作战控制的外延与内涵，是正确认识作战指挥与作战控制的首要切入点。

根据 2011 年版《军语》，作战指挥是指挥员及其指挥机关对所属部队作战进行的指挥，指挥控制是指挥员及其指挥机关对部队作战或其他行动进行掌握和制约的活动。没有作战控制这一词条。近年来，通过研究攻关，当前对作战指挥、指挥控制、作战控制的认识基本形成统一共识：作战指挥是军队各级指挥机构对作战行动进行的指挥，包括作战筹划和指挥控制。指挥控制是指挥机构对作战行动进行组织、协调、掌握和制约的活动，包括战局掌控、作战控制、指挥运行管控等。作战控制是指挥机构对编成内部队及其他参战力量的作战行动进行掌握和制约的活动，包括部队行动控制、战场管制。

从方式上看，作战控制的方式是掌握和制约。除此之外，作战指挥的方式还包括谋划、组织、协调。从内容上看，作战控制主要包括对部队行动控制和战场管制，而作战指挥除包括对部队行动控制和战场管制外，还包括战局掌控、指挥运行管控和作战筹划，具体来说包括部队编组权、筹划决策权、作战控制权、资源调配权、联合训练组织权、政治工作组织权、支援协调权等。

此外，美军第 3-0 号联合出版物《联合作战纲要》认为，指挥权包括作战指挥、作战控制、战术控制和支援，作战控制是作战指挥的固有内容。从指挥活动链路上看，作战指挥纵贯作战准备和作战实施的全程，而作战控制仅仅是作战实施阶段的一项工作，作战指挥先于作战控制展开，后于作战控制结束。
即作战指挥的方式手段要多于作战控制的方式手段，作战指挥
的职权范围要大于作战控制的职权范围，作战指挥的时间跨度
要长于作战控制的时间跨度。

二、作战指挥的目标是出敌不意，作战控制的目标是精准无误

目标是思维活动或行为活动所期望达到的理想状态或终点，
对于行为主体的实施方式、采用手段和行为路经具有导向、牵
引和规范作用。作为指挥思维活动和行为活动的综合体，作战
指挥更加追求创造性，作为一种单纯的行为活动，作战控制更
加追求精准性。

按照毛泽东认识作战情况两个过程的思想，作战指挥既是
一种高级思维活动，也是一种指挥行为活动，主要体现在基于
分析判断情况得出的综合结论，定下作战决心、制订作战计划，
以及当战场情况与既定决心发生重大偏差时做出临机决策甚至
修改决心，更多地表现为短时间内敌我双方智慧与谋略的博弈，
具有典型的激烈对抗性和创造性，没有固定"范式"可以遵循，
也不能死板硬套，需要因势利导、审时度势、灵活决策，其最
高境界或所期望达到的最佳状态是在敌人意想不到的时间和地
点，采取意想不到的方式，瞄准敌人意想不到的目标，发动意
想不到的作战行动，快速达成作战效果。

而作战控制作为一种具体的行为活动，更多地表现为基于
作战计划对部队作战行动进行偏差纠正的执行性工作，主要目

的是实现作战决心和作战计划规定的预想态势，具有典型的程序规范性，对创造性要求较低，对执行性要求较高，可以通过精细化、流程化、标准化，形成可以遵循甚至严格执行的"范式"。其最高境界或所期望达到的最佳状态是部队行动的实际态势与作战计划的设计态势，在力量、时间、空间、对象、方式、目标等达成程度上完全吻合。

换言之，作战指挥应对的主要是作战中的不确定性，作战指挥的最高标准是"出敌不意，攻其不备"；作战控制应对的主要是作战中的确定性，作战控制的最高标准是"符合计划，精确无误"。

三、作战指挥的依据是作战任务，作战控制的依据是作战计划

依据是思维和行为的逻辑起点。在情报、决策、计划、控制、评估整个指挥链路中，由于作战指挥与作战控制所处的层次与环节不同，支撑和推动两者发展的基点也不同。作战指挥的基点或依据是作战任务，而作战控制的依据是作战计划。

关于作战指挥的过程，当前学术界尚有不同观点：

第一种观点认为，主要由定下作战决心和实现作战决心两个阶段构成；

第二种观点认为，由定下作战决心、组织计划作战行动和协调控制作战行动三个阶段构成；

第三种观点认为，由情报活动、决策活动、计划活动、控制活动四个阶段构成；

第四种观点认为，由规划周期、执行周期和评估周期三个阶段构成。

但无论采取哪种分类方式，在作战指挥规律的制约下，作战指挥活动必须遵循实践运动的一般逻辑法则，分阶段逐次展开和有序运行。即除最高层战略指挥员，需要依据国家安全战略形势自主展开作战筹划（作战指挥活动），其他层次的作战指挥活动，均始于上级赋予作战任务，即作战指挥工作的逻辑起点就是围绕上级作战企图，完成本级作战任务。

认真分析上述不同观点，其实作战指挥活动大体由情报、决策、计划、控制四个阶段构成。换言之，在作战指挥活动的整个周期中，需要根据敌情和上级下达的作战任务进行作战决策，依据作战决策制订作战计划，围绕实现作战计划进行作战控制，这是作战指挥活动的基本逻辑，不能颠倒或跳跃式进行。

即作战控制始终处于作战计划之后，作战控制就是依据作战计划对作战力量的作战行动实施的调控，是对作战决心和作战计划的具体实践，作战计划是作战控制的基本依据，没有作战计划，作战控制就会无的放矢。当然，不可否认，作战控制也要着眼完成作战任务，但作战任务已经被嵌入和细化为作战计划，作战控制主要还是以作战计划为直接对照标准。

四、作战指挥的本质是作战设计，作战控制的本质是执行计划

本质是事物内在的固有的属性，是某一事物区别于其他事物的最根本标志，也是事物认识的最高阶段。作战指挥的本质

是依据战场情况和作战企图，进行作战设计；作战控制的本质是运用指挥通信手段调控部队行动，执行作战计划，实现作战设计。

作战指挥包括作战筹划与指挥控制（战局掌控、作战控制、指挥运行管控）。毋庸置疑，无论是从作战指导、作战设计、作战计划等主要阶段角度讲，还是从判断情况、理解任务、形成构想、拟制方案、制订计划等具体步骤角度讲，作战筹划工作本质上是对作战目标、力量使用、作战空间、作战阶段、作战行动等战场情况的谋划、构想和设计，是指挥机构内部以指挥员运筹谋划为重点的指挥思维活动。而指挥控制作为作战指挥中的指挥行为活动，主要包括战局掌控、作战控制与指挥运行管控。当然包括作战控制的属性，但作战实施中调整决心、临机决策、修订计划同时具有作战筹划属性，需要指挥员依据新的战场情况重新进行作战规划和设计。即从宏观上讲，作战指挥包括作战控制；从微观上讲，作战指挥重在进行作战设计。

从内涵上看，作战控制主要包括部队行动控制和战场管制。其中部队行动控制，主要以作战控制要素为主体，依据作战行动计划和指挥关系、权限，采用基于目标、时间、空间等控制措施，按照"监控态势—督导行动—分析偏差—决断处置"的步骤，对部队各种军事行动实施控制。战场管制是为保障作战顺利实施和维护战场秩序，按照作战筹划阶段制定和下发的战场管理指示，对战场内有关要素进行强制性的管理和控制，包括陆战场管制、海战场管制、空战场管制、电磁频谱管控和时空基准管控。即作战控制不是设计作战，而是依据作战筹划事先设计的战场态势和进程执行作战计划。

五、作战指挥的特点是不确定性，作战控制的特点是确定性

特点是事物外表或形式上独特的象征或标志，是一事物区别于另一事物的特别或特殊之处。由于作战控制属于作战指挥的范畴，两者当然均具有强制性、时效性、对抗性、诡诈性、风险性等作战指挥的共同特点。但即使如此，两者的特点也具有明显不同之处。作战指挥呈现出较强的不确定性，作战控制呈现出较强的确定性。

如前所述，从内涵上看，作战指挥包括作战筹划与作战控制。其中作战筹划在很大程度上是人的思维活动过程。由于人是活的生命体，指挥员的思维方式与作战思想最具有主观性与不可揣测性，即很难准确掌握作战对手的真实作战意图。另外，在整个作战指挥过程中，指挥员又会根据战场态势的变化，适时调整作战决心，修正作战方案，具体如何调整与修正不仅受制于战场情况的发展，也受制于指挥员某时某刻的具体思维方式。

同时，由于作战指挥的依据或起点是作战任务，作战指挥过程中，上级指挥员极有可能会改变、暂停、结束或赋予新的作战任务，而一旦作战任务发生变化，就会启动新一轮的作战指挥活动。即作战指挥会呈现很强的动态不确定性。

由于作战控制的依据是作战计划，本质是执行计划，目标是精准无误，所以一旦作战计划确定之后，指挥控制哪些作战对象，什么时间在什么地点实施指挥控制行动，采取什么指挥

控制方式，通常会在作战计划中有详细明确规定，作战过程中会根据作战计划实施计划调控。即使出现原作战计划预想之外的情况，指挥员定下调整决心之后，也会制订新的作战计划，新的作战计划就会成为作战控制活动新的依据。同样，不仅己方作战控制活动如此，敌方作战控制活动也是如此。因此，一旦掌握了解对手的作战计划，就等于事先掌握其作战指挥控制活动的剧本，就可以据此确定己方的指挥控制应对之策。一言以蔽之，作战控制活动具有较强的确定性。

简而言之，是作战指挥的创造性劳动"生产"了作战计划，作战指挥先于作战计划，而不是先有作战计划后有作战指挥；作战计划是作战控制的依据，作战控制是对作战计划的执行和对作战设计的实现。通常来说，当作战进程与作战计划没有大的偏差时，调控部队行动的"指挥棒"不是作战指挥而是作战控制；只有当作战计划没有预想或囊括的重大情况出现时，作战指挥才真正发挥其独特的作战设计功效。

作战指挥到底是艺术还是科学

处在作战指挥艺术与作战指挥科学两种概念或观点共存且激烈交锋的时代，有必要深入思考作战指挥究竟是一门艺术，还是一门科学？两者究竟是一种什么关系？在作战指挥中我们究竟应该注重作战指挥艺术，还是应该注重作战指挥科学？

有人说，作战指挥要探究艺术、赋予艺术，指挥艺术如同战争王冠上的明珠，几千年来一直熠熠生辉，是指挥艺术才使战争这一人类的恶魔显得如此神奇莫测、奥妙无穷；有人说，作战指挥要注重科学、尊重科学，作战指挥科学虽然看不见摸不着，但它犹如一只无形之手始终导控着战争结局，违背作战指挥科学注定难逃失败的噩运。

细究两种观点，作战指挥艺术讲的是战无定法，作战指挥科学讲的是战有定法。显然，这两种观点是一对悖论，但每个观点却又显得如此合理甚至无懈可击。那么，作战指挥究竟是一种艺术，还是一门科学？

一、作战指挥艺术与作战指挥科学相去甚远

任何概念都有一定的内涵范畴，都有不同于其他概念的根本性区别，否则这一概念就没有存在的现实必要性，也不会存在。既然作战指挥艺术与作战指挥科学能够同时存在，说明两者肯定不是一回事。并且从认识事物的角度看，深刻认识两者之间的区别可能更有价值。

其一，作战指挥科学是群体研究成果，作战指挥艺术是个体指挥魅力。

从作战指挥科学的形成过程来看，它是历代作战指挥理论研究者对诸多零散的作战指挥经验经过系统搜集筛选、综合分析判断构建的一套相对完整与规范的关于作战指挥的知识体系，是对作战指挥的共性理性认识，基本能够得到公众的普遍化认可。从作战指挥艺术的形成过程来看，它是某一作战指挥员在战争这一活的舞台上，根据敌我双方实时战场态势，料敌任势、因势用兵的创造性作战指挥过程，是指挥员灵感迸发与思维创

新的结果，与指挥员的知识结构、作战经验、个体性格具有很大关联，具有很强的个性色彩与烙印。

其二，作战指挥艺术一直就有，作战指挥科学后起于作战指挥艺术。

作战指挥艺术与作战指挥科学的分化并非天生如此。如前所述，作战指挥艺术的生产者是个体指挥员。而自从有了战争，就有了作战指挥。自从有了战争，作战指挥员就一直活动在广阔的战争舞台上。"微乎微乎""妙乎妙乎"就是古代对作战指挥艺术的生动写照。一句话，作战指挥艺术与战争同生共存。随着战争实践的增多，人们逐渐发现战争中有许多规律可循。为增加在下一场战争中取胜的概率，于是具有作战经验的指挥员就会把自己的作战指挥心得著书立说，供他人学习参考，古代作战指挥科学逐渐兴起。但严格地讲，这时的作战指挥科学还算不上现在意义上的"科学"。因此，客观地讲，如果从科学与艺术正式分为两个门类起算，作战指挥科学的生命只有两三百年；如果以 1543 年哥白尼《天体运行》的出版作为近代科学的开端起算，作战指挥科学的生命至今也不过五百年。即作战指挥艺术一直就有，作战指挥科学发端于作战指挥艺术，后起于作战指挥艺术。

其三，作战指挥艺术很难复制再现，作战指挥科学可以反复应用。

某种作战思想、作战设计、作战指挥方式可能在上一场战争中如梦如幻、如云如水，堪称作战指挥艺术，但在下一场战争中可能适得其反、弄巧成拙。即不同的作战样式、不同的作战对手、不同的作战地域，对作战指挥艺术的影响不同，作战指挥艺术发挥的作用也不同。比如，韩信利用"半渡而击"，在"潍水之战"中大破龙且率领的齐楚联军；苻坚在淝水之战妄图使用"半渡而击"，却使前秦25万大军一溃千里。

当然，如此论证并非说明作战指挥艺术完全不可再现，而是重在说明作战指挥艺术适用不具有普遍性。比如，孙膑就是利用庞涓心中认为的不可能，反复利用"围此救彼""诱敌深入"的方法，重复导演了"围魏救赵"的桂陵之战与"围魏救韩"的马陵之战。毛泽东就是反复使用避实击虚的运动战方法，连续破解了蒋介石对中央红军的四次"围剿"。但作战指挥科学则不同，比如"以能击不能""出敌不意，攻其不备""多算胜，少算不胜"等则具有广泛适用性。

其四，作战指挥艺术源于思想性，作战指挥科学源于认知性。

正如世界上真正伟大的艺术品主要源于天才般艺术家的灵感与妙想一样，作战指挥艺术属于指挥员的思想产品，能否生产出作战指挥艺术、生产出什么样的作战指挥艺术关键取决于作战指挥员的思想，指挥员的思维方式、思考能力、思想创造对于作战指挥艺术的形成具有决定性作用。

并且，历史也证明，孙武、韩信、毛泽东等真正能征善战的指挥员多数都是军事思想家。与之不同，作战指挥科学则是已经被战争实践广泛试验验证而形成的正确的知识体系，对其应该学习运用，而不是发挥创造。作战指挥活动是否科学不是取决于指挥员的奇思妙想，而是取决于对已有作战指挥常识的认知与把握。

其五，作战指挥艺术可以灵活运用，作战指挥科学不可丝毫违背。

某种作战指挥方法可能在这场战争中创造了辉煌的战绩，但在另一场战争中则可能使其陷入失败的深渊；某种作战指挥方法可能在这场战争中令其损兵折将，但在另一场战争中则可能助其功成名垂。即作战指挥艺术效能发挥得如何，关键在于是否能够因时而变、因地而宜、因势而任。换句话讲，没有固定不变的作战指挥艺术。

与之相反，科学就是科学，科学不能随意改变，更不能违背，违背科学就会遭受科学的惩罚。既然被验证归属为作战指挥科学，就说明其具有逻辑与实践上的合理性与稳定性，是作战指挥活动理应遵循的原则规范，不可讨价还价，更不能随意破坏、违背与践踏，任何违背作战指挥科学的指挥行为都只会给作战效能带来负向与冲释作用。

简单地讲，作战指挥科学讲的是战有定法，作战指挥艺术讲的是战无定法。

二、作战指挥艺术与作战指挥科学殊途同归

作战指挥艺术与作战指挥科学并非没有任何交集，也并非水火不容。两者之间并不像我们想象得那么不同，它们在遵循、特质、目的等方面也有很多相同之处。

其一，无论是作战指挥艺术还是作战指挥科学，都要符合作战指挥规律。

作战指挥规律是存在于作战指挥活动之中内在的本质的必

然的联系，导控与规制着一切作战指挥活动。研究发展作战指挥科学的宗旨就是要认识与揭示作战指挥规律，按照作战指挥规律办事。无论作战指挥艺术多么"高超"，违背作战指挥规律的"指挥艺术"必然会带来战争失败的结局，就不会被人们认可为指挥艺术，当然也不会释放出"指挥艺术"的神奇功效。也许我们对作战指挥规律的认识还不够深刻，也许我们还不能准确地说出作战指挥规律究竟有哪些，但作战指挥规律一直不以我们主观意志为转移地客观存在。无论是作战指挥艺术还是作战指挥科学，都不能逃脱作战指挥规律的制约，都不能突破作战指挥规律的底线。

其二，无论是作战指挥艺术还是作战指挥科学，都要注重作战指挥创新。

创新是作战指挥的生命与灵魂，没有创新作战指挥就毫无生机与活力。正如艺术品的价值在于其独一无二一样，某次作战指挥之所以能够称之为艺术，就是因为它不同于以往的作战指挥，就是因为它闪现出以往作战指挥从来没有过的创新之处。从某种意义上讲，作战指挥艺术就是求异、求新、求变，只有使用不同的刻刀，采取不同的思维，运用不同的手段，才能雕刻出让后世赞叹不已的作战指挥艺术品。

同样，作战指挥科学不会主动呈现，需要对大量的战争实践数据收集整理，需要对大量的作战指挥实践活动综合考证，需要经过一个去粗取精、去伪存真、由表及里、由浅入深的思索过程。这一过程中的哪一项活动、哪一个环节不需要积极主动？不需要探索创新？最后能够被称之为作战指挥科学的哪一条结论没有经过无数次的思考论证？一言以蔽之，无论是作战指挥艺术之果，还是作战指挥科学之花，都离不开创新之水的浇灌，都需要以创新为前提与基础。

其三，无论是作战指挥艺术还是作战指挥科学，都是为了追求作战指挥优势。

任何事物都有其孕育、诞生、发展的目的，我们不会无缘无故地追求作战指挥艺术，也不会无缘无故地研究作战指挥科学，其最终目的都是想在双方作战指挥对抗中取得优势。既然称某方的作战指挥为艺术，说明其作战谋划比对方棋高一筹，作战指挥能力比对方明显居上，作战指挥活动倍增了作战效能。

同样，研究作战指挥科学，就是为了形成对作战指挥的正确认识，就是为了揭示与挖掘作战指挥的一般法则并按法则办事，就是为了在作战指挥活动中不犯错误、少走弯路，最终使己方作战指挥活动比对手作战指挥活动更加优化。并且，从某种意义上讲，即使我们不能准确地区分其究竟是作战指挥科学还是作战指挥艺术，只要其能够在作战指挥对抗中获取指挥优势并进而获取作战优势，就是值得认可与推崇的作战指挥。

三、作战指挥科学与作战指挥艺术深度关联

也许是追求真理唯一性的驱使，也许是受传统是非观的影响，我们总是试图在作战指挥科学与作战指挥艺术之间做出选择。但正如事物并非由一种元素构成一样，作战指挥科学与作战指挥艺术不是非此即彼的关系，两者之间具有很强的关联性。

其一，作战指挥是作战指挥艺术与作战指挥科学的统一体。

并非有了作战指挥艺术就不能有作战指挥科学，也不是有了作战指挥科学就不能有作战指挥艺术。作战指挥既离不开作战指挥艺术，也离不开作战指挥科学；作战指挥既需要作战指挥艺术，也需要作战指挥科学。没有不含作战指挥艺术的作战指挥，也没有不遵循作战指挥科学的作战指挥。

我们不可能脱离作战指挥艺术去谈作战指挥科学，也不可能脱离作战指挥科学去论作战指挥艺术。只追求作战指挥艺术，不遵循作战指挥科学，作战指挥活动就会成为"天马行空"，甚至触犯戒条，就会自乱阵脚、不战自败；只遵循作战指挥科学，不注重作战指挥艺术，作战指挥活动就会显得机械呆板，就容易被对手了解与掌握，就难以掌握作战行动的主动权。

一言蔽之，作战指挥艺术与作战指挥科学同存于作战指挥活动之中，作战指挥效能是作战指挥艺术与作战指挥科学共同发挥作用的结果，作战指挥是作战指挥艺术与作战指挥科学的统一体。

其二，作战指挥艺术的发挥，需要以遵循作战指挥科学为基础。

作战指挥艺术与作战指挥科学不是相克关系，也不是简单的并行关系，而是一定程度上的上下位阶关系，并且两者之间相互促进、相得益彰。即作战指挥科学是作战指挥活动不能突破的底线，是作战指挥艺术形成与发挥的基础，不遵循作战指挥科学，作战指挥活动就无法正常运转，作战指挥效能就会内耗，当然也就遑论作战指挥艺术了。不符合作战指挥科学，肯定不是作战指挥艺术；越符合作战指挥科学，就越可能成为作战指挥艺术。战争不是赌运，很难想象，一个从来不考察战争的人，怎么可能会成为一代名将，怎么可能会上演精彩绝伦的作战指挥艺术？相反，古往今来大凡能够运筹帷幄之中、决胜千里之外的"隆中"兵圣，哪一个不懂得生死存亡之道？但凡在战争中能够运兵用水、指挥如云的名王将帅，哪一个不校之以计、索之以情？

其三，认知作战指挥科学，是为了形成更高超的作战指挥艺术。

作战指挥艺术是作战指挥的较高境界，是对作战指挥活动的认可，是对作战指挥能力的褒奖。正如没有人不想把事情干好一样，相信每个指挥员都想把自己的作战指挥活动雕琢演绎成一种艺术。

但如前所述，作战指挥艺术不会凭空产生，它是指挥员综合素养的溢出结晶。平时军事知识积累得越多，对作战指挥科学掌握得越全面、理解得越深刻，就越有可能结出作战指挥艺术之果。

并且从一般意义上讲，无论指挥员是否承认，无论指挥员是否刻意追求，考察学习战争规律与战争指导规律，就是为了提高作战指挥能力，就是为了更好地实施作战指挥，就是为了在作战指挥中更加积极主动与灵活自如，就是为了在双方指挥对抗中高敌一筹。

因此，从客观上讲，研究与认知作战指挥科学就是为了形成更高超的作战指挥艺术，就更有可能形成更高超的作战指挥艺术。

四、作战指挥科学与作战指挥艺术作战运用

研究作战指挥科学与作战指挥艺术的区别也好，剖析作战指挥科学与作战指挥艺术的联系也罢，归根结底还是为了理解与把握作战指挥科学与作战指挥艺术在作战指挥活动中所发挥的作用及究竟如何运用。

其一，指挥层级越高越注重作战指挥艺术，指挥层级越低越注重作战指挥科学。

指挥层级越高越要而且越能发挥作战指挥艺术，指挥层级越低越要而且越能遵循作战指挥科学。并且，即使没有明确理论的支撑，即使这种认识可能还不够清晰，但却潜意识地坚信其具有一定的逻辑合理性。即指挥层级越高，指挥权越大，自主性越强，就越能根据自己的想法设计战争；相反，指挥层级越低，指挥权越小，自主性越弱，就越应按照上级企图与本级任务组织实施作战指挥活动。

具体来看，纵观整个作战指挥体系，从上到下，无论是作战指挥内容还是作战指挥组织，都会逐渐细化分解，对于做什么、什么时间做、怎么做等规定得越来越具体，即各个作战指挥活动含射的思想性越来越少，实践执行性越来越强，允许指挥员发挥的空间越来越小。比如，对于某一炮兵分队什么时间实施火力支援、对什么部队实施火力支援、火力支援的地域与时间、火力支援的方式、火力支援的弹药选择等，都是经过精细筹划的结果，分队指挥员不能随意发挥与更改。

其二，作战指挥艺术没有下行，作战指挥科学逐渐上行。

指挥之道

随着战争形态的不断衍化，作战指挥科学在作战指挥中扮演的戏份确实越来越多、地位越来越重。

具体来说，呈现两种趋势：一方面，随着科学技术不断发展及向军事领域不断渗透，科学技术在包括作战指挥活动在内的军事活动中的地位作用更加突显，科技因素成为影响作战指挥运行与决定战争胜负的关键性因素。另一方面，随着军事学、作战指挥学等学科的兴起，人们对战争与作战指挥的认识更加系统与深刻，人们逐渐认识到战争与作战指挥中有很多规律可循，有很多"规矩"需要遵守，作战指挥活动更加精细化、工程化、流程化、规范化。并且，随着科学技术这一雪球越滚越大，两种趋势呈现不断加大之势。正如习主席所说："科学技术对战争形态和作战方式影响日益深刻，没有较高的科技素质和军事技能，连武器装备也操作不了，更别说能打仗、打胜仗了。"[1]即现代战争作战指挥越来越注重科学，"科学性"在作战指挥中的地位作用不断加大。

同时，我们必须认识到作战指挥科学地位作用的上升，并不意味着作战指挥艺术地位作用的下降。任何时代任何战争形态都需要作战指挥艺术，而且也有作战指挥艺术发挥施展的空间，只是不同时代，不同形态的战争对作战指挥艺术的要求不同。万事万物，大道不孤。"熟能生巧"是简单得不能再简单的道理。正如不完成一千幅作品的创作是不可能成为艺术家一样，试问吴起、韩信、拿破仑、毛泽东等哪一个不是身经百战才真正领悟与掌握了战争法门，才能演绎出令后世拍案称奇的

1　2013 年 11 月 5 日，习主席在视察国防科学技术大学时的讲话。

作战指挥艺术？之所以有人认为现代战争越来越难看到精湛的作战指挥艺术了，是因为我们对现代战争的作战手段掌握运用得还不够得心应手，对现代战争制胜机理还没有完全吃准弄透。

其三，作战指挥艺术增多了战争迷雾，作战指挥科学减少了战争迷雾。

什么是作战指挥艺术？通俗地讲，就是通过欺骗对手，调动对手，让对手看不清自己的套路，始终处于被动应付状态，使对手在迷迷糊糊、不自不觉、疲于应对中输掉战争。作战指挥艺术之所以能够上演，就是因为通过对作战力量、战场空间、作战时间、作战行动等精巧的筹划设计，使对手在真真假假、假假真真中难辨真假，从而隐蔽了己方真实作战企图，增多了战争迷雾，获取了战场信息不对称优势。

并且，从某种程度上讲，欺骗有多大，成效就有多大。把自己隐藏得越好，就越可能更大程度地制人而不制于人，就越可能按照自己的设计调动作战力量、导控作战行动、获取作战效益。虽然作战指挥艺术具有很强的个人烙印，但正如前所述，作战指挥艺术施展的基础离不开作战指挥科学，作战指挥是有一定规律可循的。按照"从诸多个体中总结规律，从一般规律中认识个体"这一矛盾认识论的基本观点，只有掌握了存在于作战指挥活动中的一般规律，才有可能基于一般规律更好地看清千变万化现象背后的本质，才有可能拨开与稀释战争迷雾，才有可能破解对手的作战指挥艺术。

其四，作战指挥艺术与作战指挥科学可以相互转化。

当对手不认识作战指挥科学，己方掌握的作战指挥科学多于、精于对手掌握的作战指挥科学，己方相对对手的这一作战指挥科学优势，从某种程度上就会转化为作战指挥艺术，就是一种作战指挥艺术。随着对手对作战指挥认识程度的提升，掌握了这种普遍性的作战指挥科学，就会参透己方原来的作战指挥艺术。

这时，原来深不可测的作战指挥艺术就会被公众认知、学习、研究和掌握，就会被其他指挥员在以后的战争中效仿。久而久之，原来被少数人掌握、具有显明个性特征的作战指挥艺术就会被整理提取为作战指挥活动可以或应该参考的规范，即作战指挥科学了。

之所以称之为指挥艺术，是因为这种指挥方法已经超出一般指挥员的指挥认知与水准，其达到的指挥效能非一般指挥员所能及。如果该指挥谋略、指挥方式被普遍认可并掌握，那么就没有什么艺术性可言，就会成为作战指挥活动中一般意义上应该遵守的指挥准则，成为指挥员实施指挥活动共同遵守的行为规范，即一种作战指挥科学。

作战指挥既是一种艺术，也是一种科学。作战指挥科学说明作战指挥也有本身的知识体系，作战指挥艺术说明作战指挥有很大的能动空间。不掌握作战指挥科学演绎不了作战指挥艺术，作战指挥艺术本身就是一种作战指挥科学。既要探究和掌握作战指挥科学，更要在作战指挥科学的基础上追求作战指挥艺术。

「第四章」
作战指挥实践论

　　作战指挥不是一个纯粹的理论问题，而是一个复杂的实践活动。深化作战指挥理论研究的根本出发点和落脚点，是服务于作战指挥实践，是快速高效实现作战目标。达成作战目标是作战指挥实践的第一要求……作战指挥实践是作战指挥理论在战争沃土上的实践运用，同样的作战指挥理论在作战指挥实践中的运用方式和效能发挥会有天壤之别。判断作战指挥理论是否适宜、作战指挥效能是否高效的唯一标准就是战争实践，打不了胜仗的理论即使说得天花乱坠也毫无用处……作战指挥实践是滋养作战指挥理论、培塑作战指挥能力最丰厚的沃土。作战指挥实践有两种珍贵的存在形态：一是亲身参与的战争实践；二是他人亲述的战争实践。从提升作战指挥能力的角度讲，第一种存在形态，最为难得，但可遇不可求；第二种存在形态，虽为他人叙事，但毕竟是亲身参与战争实践的指挥员原汁原味的思想产品。如何评价作战指挥工作实践？如何筹划作战指挥活动？如何检验作战指挥效能？如何培塑作战指挥能力？……

作战指挥究竟难在何处

战争外在呈现为作战力量的实体对抗，内在呈现为作战指挥活动的无形对抗，而且这种无形对抗的高低直接决定实体对抗的结局。但决定作战指挥这一无形对抗的背后之手是什么？指挥员！影响作战指挥对抗的因素有很多，但起核心决定作用的只有一个——指挥员！

作战指挥活动定战争成败，绑万千生死，系国家存亡。

从作战指挥活动的地位作用来看，作战指挥员尤其是战略指挥员是世界上难度最大的岗位，是对人综合素质要求最高的岗位。

作战指挥是一个需要高度服从、坚定执行的活动，是一个最有驾驭感、最具控制力的活动，但战争中指挥员的工作绝不像影视剧中简单发号施令那么雍容，也不像墙壁挂像上披甲挥剑般那么威风。对于一名具有实际参战经历的指挥员，作战指挥活动是一份沉甸甸的责任，是一项需要时刻高度紧张艰巨繁重的工作，是对人的智慧、意志、心理的终极考验。

这种感觉不是指挥员凭空的主观捏造，而是由战争的残酷性这一本质属性决定的。

残酷、残忍是战争与生俱来的秉性，无论战争的"五官"如何美化，永远难以掩盖其本质的丑恶。战争机器犹如一台推土机，在推动人类文明前进的同时，也碾压了亿万民众的血肉之躯。

从远古时代的石器木棒之争到刀砍剑刺的冷兵器时代，从百步穿杨的推进火器到冲击波掀浪的机械化战争，从 21 世纪精确制导的信息化战争到扑面而来的无人智能作战，焦土废墟中白发人送黑发人撕心裂肺的哀号，婴儿在刚刚死亡但尚有余温的妈妈身体上"贪婪"地吮吸乳汁的冰冷，TNT 硝烟笼罩的残肢断体透露出让人不寒而栗的凄凉，尸体腐烂散发的让人窒息的浓烈硫化氢刺鼻味……

战争的血腥味没有丝毫减弱。战争可以瞬间把几千年的文明摧毁，可以瞬间把几代人努力建设的幸福家园化为乌有。战争一开始，地狱便打开。

如此的破坏力、如此的残酷性，没有亲身经历战争的人是难以体会的。战争的血腥味对人感官的冲击力可以瞬间搅乱一个正常人的身体系统，让人由内至外不自觉地产生莫大的惊慌与恐惧……这就是指挥员所处的"工作环境"。就是在这样的环境下，作战双方指挥员要进行一场事关百姓生死、国家兴衰、民族存亡的命运博弈。

因此，指挥员的地位看似居高显赫，实则千钧一担；指挥员的工作看似无比光鲜，实则心力交瘁。作战指挥不是谁想干就能干的，不是谁都可以胜任的，那种工作负荷、那种工作节奏、那种工作环境，正常人连保持最基本的稳定情绪都十分困难（意志薄弱的人可能会精神崩溃），更别说进行高强度的创造性工作了。

对此，苏联军事家、曾任总参谋长的什捷缅科大将，在其战争回忆录中，曾不止一次地有过详细描述："战争要求全力以赴，谁也不能休息一分钟。"[1]"不是每个人都能坚持下来，有些同志长期患神经衰弱症、心脏病。"[2]因此，一方面，指挥员在导演战争；另一方面，战争也在筛选指挥员！

也许还会有人质疑，但我们还是强调指挥员是人世间对综合素质要求最高的岗位。这不是对其他领域工作岗位的否认与轻视，而是对民众生死、国家存亡、民族未来的高度重视与负责，对作战指挥工作不敢有丝毫懈怠的谨慎至极。不可否认，很多指挥员都有其与众不同的特点或有过人之处，但一名常战常胜的指挥员绝对不会过分"偏科"与有明显"短板"，而是集理论水平、组织能力、清醒头脑、果断坚毅于一身。政治品质、战略眼光、军事素养、科学知识……哪一种素质对于指挥员来讲都至关重要，都是作战指挥能力生成不可或缺的基因。

一、作战指挥本身就是一项十分繁杂艰难的工作

从作战指挥能力构成要素看，指挥员不仅需要过硬的作战指挥专业素养，而且需要敏锐的政治素养、渊博的军事知识、丰富的作战经历、高超的领导艺术；不仅需要熟悉我方作战力量编成与武器装备作战运用，而且需要了解敌方作战力量规模与能力、指挥员性格特点及主战武器装备性能。尤其是联合作战指挥员不仅需要了解各军种武器装备及其作战运用，而且需

1　［苏］C.M.什捷缅科：《什捷缅科大将战争回忆录》，甘霖、思齐等译，北京：解放军出版社，2003年，第40页。

2　［苏］C.M.什捷缅科：《什捷缅科大将战争回忆录》，甘霖、思齐等译，北京：解放军出版社，2003年，第142页。

要掌握各军种协同作战方法。即大到国家方略、军事战略，小到核心武器装备的技战术参数，根据作战指挥需要指挥员均需掌握。

从作战指挥活动看，作战指挥本身就是为达成作战目的，对所属作战力量的特殊组织领导活动。既然是组织领导活动，必然就不是一个人的独角戏，而是诸多作战力量、指挥要素的协奏曲。并且，随着战争规模的扩大、作战空间的拓展、参战力量的多元，对作战力量协同、作战进程衔接、作战能力聚合的要求越来越高，作战指挥需要关注的信息呈阶梯式陡增，作战指挥机构的要素构成和交互关系更加复合多样，作战指挥体系愈发庞大复杂，作战指挥需要考虑的因素、需要协调的力量、需要筹划的工作不仅数量增多而且难度增大，作战指挥活动"十个手指弹钢琴"的特点更加突显。

从作战指挥的知识更新度看，战争历来是最新科学技术的走秀场，每一次科技革命必将引发军事与作战领域的一场大变革。作为战争的共舞者，作战指挥所处的指挥环境同样是时代军事科技革命的最前沿。战争形态演变铁一般的事实证明：作为指挥员，不掌握最锐利的武器，就很容易成为锐利武器宰割的羔羊。作为指挥员，必须时刻保持作战指挥能力滞后的恐慌感，时刻保持对先进军事理论与科学技术的关注度，时刻督促自己更新认知结构，以便尽快适应军事理论与科学技术更新的步伐。

二、作战指挥最难也最需要的就是保持冷静

如果非要从作战指挥素养中选择一个最为重要的品质、最

不可缺少的品质，抛离作战指挥活动的专业属性，仅从一般意义上来讲，那么首推冷静的头脑！在战争的环境中，没有什么比冷静更为困难、更为重要。对此，清朝三代帝师翁同龢有句名言："每临大事有静气，不信今时无古贤。"英国戏剧作家莎士比亚说过："谁能够在惊愕之中保持冷静，在盛怒之下保持稳定，在激愤之间保持清醒，谁才是真正的英雄。"[1]

同样，就像只有达到适应温度，机器才能启动与运转一样，冷静是指挥员保持情绪稳定、思维逻辑、智力激发、知识调度的基本前提，不能保持冷静，情绪失控、思维失序，就遑论与对手进行知识、智力的大比拼了。理解作战任务、分析判断情况、定下作战决心、组织作战协同、灵机战场处置……哪些工作不需要安静的思考、冷静的分析、从容的指挥？

从古到今，仅靠冷静不一定能够百战百胜，但能征善战的指挥员一点也不缺少冷静的品质。关于冷静的重要性，拿破仑曾留下一句千古名言："能控制好情绪的人，比能拿得下一座城池的将军更伟大。"

很难想象，一个无法控制自己情绪的人，一个无法保持冷静的人，如何能够准确理解上级企图，如何能够拨开战争迷雾，如何能够科学筹划作战行动，如何能够果断正确定下作战决心，如何能够理性正确处置错综复杂的战场情况。

《汉书·魏相传》曰："不忍愤怒者，谓之忿兵，兵忿者败。"冷静的反面是冲动，冲动的代价是惩罚。但凡冲动行事的指挥员，何曾有过一个善始而终？义薄云天的关羽因"大意失荆州""败

1　《麦克白》第二幕第三场里麦克白台词。

走麦城"后，重情重义的刘备不吃不喝、情绪失控、号哭不止，一心为弟报仇，全然忘记了"主不可怒而兴师，将不可愠而致战"的教训，不顾诸葛亮力劝，草率起兵征吴，结果兵败积郁，病逝于白帝城。

平时，也许我们很难感受到保持冷静的头脑有什么了不起，但当看到最亲密的战友一排接一排躺在血泊之中，当明知自己的生命在爆炸冲击波和钢铁碎片杀伤下随时可能终结，当感受到昔日家庭的温馨突然骤降为父无子、妻无夫、子无父的凄凉，当顾虑到因为自己的指挥失误很有可能给这个国家和民族带来不可挽回的灾难……可以想象，想要保持那份冷静谈何容易，想要保持那份冷静到底需要多么强大的情绪控制能力，想要保持那份冷静到底需要扛受多大的心理压力？

三、作战指挥难乎其难的是正确定下作战决心

理解作战任务、分析判断情况、确定战斗构想、拟制作战方案、定下作战决心、制订作战计划、组织作战协同、组织作战保障、处置战场情况……作战指挥活动错综复杂、千丝万缕。

关于作战指挥活动的具体内容，虽然不同的教材条令、不同的专家学者可能有不同的划分标准，对具体活动的描述与要求也不尽一致，但对于定下作战决心重要性所达成的共识不容置疑。

关于正确定下作战决心到底有多重要、难度到底有多大，对作战指挥没有深刻认知或没有真正实战作战指挥经验的人，是很难能够深刻体会的。

　　举轻以示重。生活中，我们经常会遇到两难抉择的事。比如，某公司营销部做了两种营销方案，A 方案收益大但风险高，B 方案收益虽不如 A 方案大但风险也低，作为公司的管理者，应该如何决策？再比如，某职员在三线城市上班，晋升空间受限，突然有一个选调到省会城市工作的机会，大城市的工作环境、晋升机会及对孩子未来的教育肯定会比原有城市好得多，但选调就意味着两地分居，意味着无法照顾孩子与家庭，意味着生活压力突然增大，而如果要解决两地分居，妻子就要放弃现在体面的正式工作，应该如何决策？

　　说到底，这只是在简单平凡的日常生活中做出选择，选择的结果只会对未来的生活质量造成影响，是生活与更好生活的区别。仅仅如此，我们就已经深感左右为难。战争是血肉较量、生死搏斗。选择正确的一边可能是经过浴血奋战后的重生，但选择错误的一边可能就是万丈深渊之后的死亡。

　　作战方案的选定、作战计划的拟制、行军路线的选择……指挥员时刻行走在死亡的边界线上，时刻处于究竟是剪蓝线还是剪红线的终极拷问之中。这种精神压力不仅来自选择错误意味着自己生命的终结，更来自这不仅是为自己做选择，而是为包括其自己在内的整个战斗集体做选择，为亿万家庭做选择，为国家生死和民族未来做选择。如果仅仅是为自己做选择，选择错误无非就是一场壮烈。但作战指挥员选择错误便意味着数万将士的死亡，意味着数万家庭的支离破碎，甚至意味着国家蒙难、民族蒙羞、文明蒙尘。试问这种压力，人世间哪一个岗位、哪一项工作能够企及？

如果仅从作战指挥活动的基本流程看，似乎定下作战指挥决心就是在作战方案中做出一次更优的选择，但实际上定下作战决心绝非是一次简单的选择，而是根据上级作战企图，结合复杂多变的战场情况，经过多个回合的理解作战任务、分析判断情况、确定作战构想、拟制作战方案、组织协同推演等活动，才得以最终确定。

其中隐匿着艰苦卓绝的思维活动和尖锐激烈的思想交锋！并且，战场情况瞬息万变，作战实施过程中，新情况层出不穷，每一种情况都是"随机导调"（即使指挥员能够预想，也不可能完全一致），不可能像平时演习那样，可以轻松地依案处置。对出现的每一种新情况，指挥员都要扎扎实实进行一轮完整的分析判断情况、定下处置决心、制定处置措施，都要重新加负一层心理压力。另外，也许指挥员刚刚定下作战处置决心，但又出现一组新情况，这组新情况可能会完全否定已经定下的处置决心，可能需要重新定下处置决心，即指挥员时刻处于应对新情况、解决新问题的过程之中。

四、作战指挥难上加难的是时刻处于纲性紧张之中

衡量平时一般性社会工作的尺度是效益，衡量战时作战指挥工作的尺度是生死。对于一般性社会工作，想干就多干点，不想干就少干点，区别是效益的高低，利润的多少，工作节奏是可控的。但在死亡之神的驱赶中，参战人员头顶始终悬挂一柄达摩克利斯之剑，为了尽快冲破敌人为己设置的死亡枷锁，为了最大程度地保存自己、消灭敌人，为了尽可能地致人而不

致于人从而赢取战争的主动权，一旦战争机器的马达开始运转，指挥员容不得半点懈怠，指挥机构会自觉地时刻处于全负荷工作之中，没有人会偷懒或消极怠工。

粟裕的指挥才能，相信无人不知、无人不晓，尤其是他指挥的那场足以影响中国革命进程的淮海战役，为新中国成立建立了盖世功勋。为打好淮海战役这一大仗、恶仗，为了时刻全面掌握战场态势，为了不漏掉任何一线战机，在战事紧张不容懈怠的条件下，粟裕即使疲倦至极，仍在指挥所内连续工作七天七夜没有合眼。直到听到攻克敌人最后一个据点"刘庄"后，才长舒一口气，随后便昏睡了三天三夜。

对于战争时期作战指挥的工作节奏，苏联军事家什捷缅科大将在其战争回忆录中，也有相同的认知："根据我们的概念，在战时，只有在情况许可时才能睡觉，我们大家都是这么过来的"[1]，"总参谋部工作人员即使在敌人败局已定的情况下，也仍旧住在办公楼里，每天都是从办公室到食堂，从食堂到办公室……"[2] 同样，即使是苏联最高统帅斯大林，战争年代也是每天工作到凌晨三四点甚至更晚，并且从上午十点左右又开始工作。这种工作强度、这种工作节奏，一般人是很难适应与胜任的。当然，这种工作强度、这种工作节奏，是战争进程决定的，是指挥员没有选择的选择。

劳动没有高低贵贱之分，世界上任何一项工作都具有不可

1　［苏］C.M. 什捷缅科：《什捷缅科大将战争回忆录》，甘霖、思齐等译，北京：解放军出版社，2003 年，第 411 页。

2　［苏］C.M. 什捷缅科：《什捷缅科大将战争回忆录》，甘霖、思齐等译，北京：解放军出版社，2003 年，第 412 页。

替代性，否则这项工作就不会存在。如此定位作战指挥的工作性质，绝非仅是对作战指挥工作重要性的强调，更非对其他类型工作的矮化，而是"兵者，国之大事，死生之地，存亡之道"几千年历史认知的结晶沉淀，是军事理论研究者和作战指挥员对民众、国家、民族的应有态度。

作战指挥不破"强胜弱败"

也许在人类战争史中以少胜多、以劣胜优、以弱胜强的战例被描述得确实十分精彩，也许人们已经习惯于关注与追捧违反常规认知的"灰犀牛"事件，也许以少胜多、以劣胜优、以弱胜强的确比以多胜少、以优胜劣、以强胜弱更能反映作战指挥的奥妙，似乎在人们的认知里，已经想当然地认为通过作战指挥就可以直接实现"少胜多、劣胜优、弱胜强"，作战指挥可以改变"多胜少、优胜劣、强胜弱"这些公理法则。但真的是这样吗？

一、我们看到的"以弱胜强"只是表象

马克思主义实践认识论告诉我们，认识是一个不断深化的过程，也是一个否定之否定的过程。社会实践活动中，客观世界作用于人的耳、目、鼻、唇、舌等感官，形成视、听、味、嗅、触等五感。通过这些感官功能，在人的大脑皮层，对事物的大小、多少、高低、长短、香臭、甜咸、软硬、冷热、痛痒等呈现出感官印象，这是形成的第一次认识——感性认识。这种认识是

对事物的表层认识、粗浅认识、简单认识，反映的是事物的现象。通过对这些现象由表及里、由外到内、由粗到精、由浅到深的分析，形成第二次认识——理性认识。

很多人以"感性认识是对事物现象的认识，理性认识是对事物本质的认识"这一结论判断，就此认为认识到此结束。但事实却远非如此。原因是：一方面，感性认识到理性认识不是一蹴而就的，并非经过一次去粗取精、去伪存真、由表及里就能到达理性认识；另一方面，人们形成第一次理性认识后，随着社会实践活动不断增多，原来自认为得出的"理性认识"可能并不一定完全正确，甚至可能是错误的。即由感性认识到理性认识需要经过多个去粗取精、去伪存真的往复过程。

这种认识过程同样适用于战争实践与作战指挥活动之中。即当人们发现人类战争史上依靠作战指挥的优势可以实现"以少胜多""以劣胜优""以弱胜强"时，当人们发现镌刻在人类战争史上"以少胜多""以劣胜优""以弱胜强"经典战例的作战指挥活动大都熠熠生辉时，就犹如哥伦布发现新大陆一样，惊奇地认为通过作战指挥就可以实现"以少胜多""以劣胜优""以弱胜强"。就会想当然地认为，在作战双方力量对比己方作战力量处于劣势时，作战指挥的目的就是"以少胜多""以劣胜优""以弱胜强"，通过作战指挥就可以神奇地实现"以少胜多""以劣胜优""以弱胜强"。

基于这些认识，在军事理论界似乎谁也不敢斩钉截铁地说"少不可胜多""劣不可胜优""弱不可胜强"，因为大多数人都可以轻松地从古今中外战争史上信手拈来几个家喻户晓、人人皆知的"以少胜多""以劣胜优""以弱胜强"的经典战例。

事实上，从总体作战力量规模对比来看，历史上确实有很多以少胜多、以劣胜优、以弱胜强的战例，但严格意义上讲，对于直接交战的双方作战力量，无论是以少胜多，还是以劣胜优都非易事，至少以弱胜强是绝对不可能的。在一个独立的交战回合中，历史上从来没有以弱胜强的先例，未来也不会有。

多不等于强，少不等于弱；优不等于强，劣不等于弱。通过集中兵力（包括数量上的集中与质量上的集中），以数量上的优势或质量上的优势可以改变原来强弱对比上的相对弱势。

那么，这一过程是怎么实现的呢？"数量""优劣"与"强弱"之间的关系，可以用"数量"×"优劣"="强弱"来描述（其内部的函数关系可能不是简单的乘积关系，这样描述只是说明数量与优劣是构成强弱的重要因子）。以多胜少×以劣胜优可能达到"强胜弱败"，武器装备处于劣势的一方基本都是依靠这一作战原则取得胜利的；以少胜多×以优胜劣也可能达到"强胜弱败"，精兵制胜就是这一作战原则的生动写照。但无论如何，以少胜多×以劣胜优是绝对不可能达到"强胜弱败"的。

二、作战指挥改变不了"强胜弱败"这一亘古不变的物理法则

这个世界之所以还算井然有序，整个人类社会之所以能够绵延成千上万年，就是因为背后始终有公理法则与客观规律的规制。长得高的人比长得低的人能够摸到更高的位置（站在同一高度），力量大的人比力量小的人能够举起更重的物体（不

借助外物），跑得快的人比跑得慢的人能够优先到达终点（路线相同，同时出发）……这是简单得不能再简单的道理，是普遍存在的物理法则。同样，在不借助任何外力的情况下，在双方直接对抗中，小孩能够打过大人吗？武功低的人能够打过武功高的人吗？鸡蛋能够碰过石头吗？手榴弹能有炮弹的杀伤力大吗？……

一句话，"强胜弱败"是一条不以人的主观意志为转移的客观规律。既然是客观规律，就是改变不了的，作战指挥也不例外，否则它就不叫客观规律了。也许双方总体作战力量对比是敌强我弱，但实际交战力量对比必然是我强敌弱。否则，如果弱能胜强，小能胜大，也不会有"避实击虚""避实就虚""避强打弱""避其锐气，击其惰归""扬长避短""避敌锋芒"这些作战原则了；如果弱能胜强，小能胜大，整个世界与人类社会就会陷入无序与混沌之中，世界将不再是世界，社会将不再是社会。

三、作战指挥不仅没有改变"强胜弱败"这一物理法则，而且恰恰相反，作战指挥的目的就是最大程度地形成"我强敌弱"的交战力量对抗态势

既然"强胜弱败"是一条客观规律，既然作战指挥颠覆不了"强胜弱败"这一公理，那么为什么在中外战争史上，却又上演成皋之战、昆阳之战、官渡之战、彝陵之战、淝水之战、四次反"围剿"等"以少胜多""以劣胜优""以弱胜强"的战例呢？这里面的逻辑究竟是什么？作战指挥的作用究竟体现

在哪里？其实，作战指挥没有那么神奇，"撒豆成兵""吹毛成器"只是一种神话。

无论再伟大的作战指挥员，仅凭其出色的作战指挥艺术既不会凭空创造己方作战力量，也不会凭空削弱敌方作战力量，它只不过是通过对作战力量、作战资源进行重新时空分配，集中主要力量与优势兵力于主要作战关节，推动作战对抗实体的力量对比这一矛盾运动向"我强敌弱"这一方向发展，最终在特定的时间、特定的空间对敌形成最大作战优势，在一个独立的交战回合内实现以强胜弱。

一方面，当作战力量对比总体不占优势时，作战指挥的目的就是重塑战局，形成实际交战局部优势。

回顾人类战史上每一个"以少胜多""以劣胜优""以弱胜强"的经典战例，虽然其总体力量对比是"以少胜多""以劣胜优""以弱胜强"，但一个独立的作战回合实际交战兵力必然是"以强胜弱"（根据前文列出的"数量"×"优劣"＝"强弱"这一关系，可以推断出有可能是以少胜多，也有可能是以多胜少；有可能是以劣胜优，也有可能是以优胜劣；但一定是以强胜弱）。作战指挥的奥妙之处就是通过准确分析判断战场情况，找准敌作战力量薄弱的作战方向、作战时节，或者通过战场机动、兵力佯动等方式牵动敌人，主动塑势造势，使敌战场力量态势暴露出薄弱环节，而后再快速集中优势兵力于敌作战力量薄弱之处，在战场局部形成我多敌少、我优敌劣、我强敌弱的作战力量对比态势。

对此，孙武在《孙子兵法·虚实篇》云："兵之形，避实而击虚。"[1]毛泽东说："我们是以少胜多的——我们向整个中国统治者这样说。我们又是以多胜少的——我们向战场上作战的各个局部的敌人这样说。"[2]事实上，从总体上看，无论是土地革命战争，还是抗日战争、解放战争及抗美援朝战争，我军的确都是这种作战格局。可以不夸张地讲，一场中国革命战争史就是一场"战略上处于劣势，战役战术上努力谋求优势"的作战指挥史；人类战史上任何一场可以称为"以少胜多""以劣胜优""以弱胜强"的胜利，从本质上看就是通过作战指挥活动，实现敌我作战力量的战场重割，以若干场"以强胜弱"的局部胜利积攒呈现为看似"以弱胜强"的全局胜利。

另一方面，当作战力量对比总体占优势时，作战指挥的目的是保持和扩大优势，以更强胜更弱。

影视剧中战争的场面确实惊心动魄、扣人心弦、冲击灵魂，但真实的战争关系人们生死、国家存亡，任何一个国家、一个民族、一个有正确认知的战略统帅都不会轻易发起战争，不会盲目、感性和过度地卷入战争，不会把战争当成舞剧欣赏。因为打仗的目的是取得胜利、快速达成作战目标，不是为了体现己方武器装备有多么先进、战术战法有多么奥妙、战斗意志有多么顽强，更不是为了演奏以厮杀、哀号、血肉为元素的"交响曲"。

无论是"上兵伐谋，其次伐交，其次伐兵，其下攻城"[3]的

1　骈宇骞等译注：《武经七书》，北京：中华书局，2020年，第44页。

2　《毛泽东选集》（第一卷），北京：人民出版社，1991年，第228页。

3　骈宇骞等译注：《武经七书》，北京：中华书局，2020年，第20页。

战略决策梯阶，还是"打得赢就打，打不赢就走"[1]"在战役和战斗上面争取速决"[2]的具体战役战术，其根本目的就是以最小的代价获取更大的胜利，就是为了最大程度地保存自己，最大程度地消灭敌人。即使是在敌我作战力量对比己方占优势的情况下，相信自古以来也没有哪一位聪慧的指挥员会反对"己方伤亡少少的，消灭敌人多多的"这一作战目标的。

换句话讲，即使在作战力量对比处于相对优势的情况下，指挥员的工作不是"躺平"，只要条件允许，一位优秀的指挥员应该思考的是如何保持与扩大这种作战力量对比优势，争取创造形成"己方力量更强、敌方力量更弱"的交战态势，以更强横扫更弱。

一言以蔽之，作战指挥没有违背、更没有颠覆"强胜弱败"这一客观规律。恰恰相反，作战指挥的奥妙就是对作战力量与作战资源重新进行时空分配，推动一个独立作战回合实际交战力量对比向"我强敌弱"方向发展，就是充分利用与遵守"强胜弱败"这一客观规律。

作战指挥的第一要求

作为军事领域的特殊作战活动，作战指挥有很多内在属性，目的性、谋略性、严肃性、时效性、艺术性均是其本身应有之意。如果将作战指挥比喻成一个人，每个特性都是一个器官，都必

---

1 《毛泽东选集》（第一卷），北京：人民出版社，1991年，第230页。

2 《毛泽东选集》（第一卷），北京：人民出版社，1991年，第234页。

不可少。但如果非要指出哪一条最为重要，那么非目的性莫属。如果发生冲突，其他各个特性均要服从这一特性，均要以达成作战目标为最高准则。

从作战指挥的定义来看，作战指挥是指挥员及其指挥机关为达成作战目的，对所属作战力量进行的特殊组织领导活动。达成作战目的是作战筹划活动的出发点，也是作战指挥控制活动的落脚点，是贯穿与牵引整个作战指挥活动的主线与灵魂，是判断作战指挥活动成效的标尺准绳。

从作战指挥的实践来看，理解作战任务、分析判断情况、定下作战决心、组织作战协同、组织作战保障、评估作战效能……所有的作战指挥活动无非是为了准确确定作战目标与更好地实现作战目标。

一、从某种程度上讲，作战指挥的过程就是准确确定作战目标与实现作战目标的过程

对于战役战术指挥员来讲，通常上级会直接明确作战目标，或者根据上级作战企图、明确的作战任务，多数情况下可以准确确定作战目标，其指挥的重心在于如何实现作战目标。对于战略指挥员或上级没有明确作战目标、作战企图不清晰、作战任务不明确时，指挥的重心在于如何确定作战目标。

换句话讲，确定作战目标比实现作战目标更为重要。

比如，2003 年伊拉克战争发起前，弗兰克斯领导的中央总部司令部历经 14 个月、几十次修改才制订出最终的作战计划。作战计划之所以迟迟不能确定的主要原因就是因为时任美国白

宫当局长时间无法确定"铲除萨达姆政权""解除大规模杀伤性武器"等对伊作战战略目标。

也正是因为如此，作战指挥双方通常会将己方作战目标作为军事最高机密保守，将获取彼方作战目标作为最重要的情报活动。在围绕刺探作战目标上，上演着一场场惊心动魄、扣人心弦的智勇之争。

当然，历史上也不乏由于未能准确臆断对方作战目标而引身至险之例。

1939 年，苏德签订了《莫洛托夫－里宾特洛甫条约》，这一表面上看起来互不侵犯的条约，在一定程度上掩盖了德国的真实作战意图——巴巴罗萨计划[1]，迷乱了苏联政局的判断。从现在的视角回望历史，当时德国精心策划的这场骗局，虽然最终是搬起石头砸了自己的脚——自取灭亡，但苏德战争初期由于德国突然发起袭击，铁流兵锋直至莫斯克，一度造成苏联准备不足、措手不及、节节败退。

二、作战目标具有层次之分，下级作战目标必须符合上级作战目标，确定作战目标不是以最大程度实现本级作战效能为标准，而是以最大程度符合上级作战目标为依据

翻开中外战争史，从一般意义上讲，暂且不论战争成败，任何一支军队、任何层级的指挥员从来不会允许下级作战目标

1　纳粹德国在第二次世界大战中发起侵苏行动的代号。该计划由时任德国陆军总参谋部第一军需部长保卢斯起草和指导，1940 年 8 月底制订完毕。原名为"奥托计划"，后于 1940 年 12 月改为"巴巴罗萨计划"。

违背上级作战目标。而且战争实践也一再反复证明，只有下级作战目标与上级作战目标相一致，整个作战行动才会协调一致、形成合力，才能达成最佳作战效果。下级作战目标与上级作战目标不一致，要么下级作战行动违背或打乱上级对整个战争棋盘的布局，无法达成最大战果；要么纵使上级作战目标错误、下级作战目标正确，下级作战行动最终也只能以悲壮、扼腕的终结而成为历史的遗憾。

说到底，下级作战目标必须符合上级作战目标，下级作战目标与上级作战目标不一致，不可能以最佳途径达成预定作战目的。这一附体于战争中的逻辑法则是由作战指挥活动的层次性决定的，既是战争规律，也是战争指导规律，无论斗转星移、海枯石烂，无论战争形态如何衍化，始终不会变。

三、确定作战目标的方式方法

那么，如何确定作战目标呢？

如前所述，对于战役战术指挥通常由上级确定。那么对于战略指挥，如何确定作战目标呢？无论是西方兵圣克劳塞维茨关于"战争不仅是一种政治行为，而且是一种真正的政治工具，是政治交往的继续，是政治交往通过另一种手段的实现"[1] "我们在任何情况下都不应该把战争看作是独立的东西，而应该把它看作是政治的工具……"[2]的论述，还是一代军事伟人毛泽东

---

[1] ［德］克劳塞维茨：《战争论》（第一卷），北京：解放军出版社，2004年，第26页。

[2] ［德］克劳塞维茨：《战争论》（第一卷），北京：解放军出版社，2004年，第28页。

所留下的"政治是不流血的战争，战争是流血的政治"[1]的经典评述，不难得出"军事服从政治，军事目标服从政治目标"的结论。

这就是说，符合政治企图是确定作战目标的首要考虑。

其次，战略手段决定战略目标。

在符合政治企图的总前提下，战略目标不是越大越好，也不是越小越好。战略目标太大，战略手段无法支撑战略目标的实现；战略目标太小，浪费战略资源，无法实现战略利益的最大化。当然，哪一位战略指挥员也很难用数学公式精确地计算与确定战略目标的大小，但条件不允许时，宁可将战略目标定得小一点，浪费一些战略资源，也不能将战略目标定得太大，否则可能会造成进退维谷、骑虎难下的困窘局面，甚至有时会遭受亡国之灾。

翻阅一部部帝国兴衰更替史，有多少个曾经辉煌一时、不可一世、所向披靡的帝国军队，就是因为其胃口太大、目标太高、树敌太多，导致有限的力量资源难以支撑庞大的作战目标，最终不仅敲响了失败的丧钟，也给自己的民族与人民带来深重的苦难！

19世纪，法兰西帝国的缔造者拿破仑凭借其世人难及的军事天赋与指挥才能，带领他的军队，连续打赢50余场大型战役，一度打破六次反法联盟，建立了辉煌至极的拿破仑帝国，成为欧洲战场的陆战之王，加上能够与英国海军叫板的海上劲敌，使整个欧洲一听到拿破仑的名字就魂破胆寒。但最终还是因为

1　《毛泽东选集》（第二卷），北京：人民出版社，1991年，第480页。

其过高地估量了自己与建立的法兰西帝国，一心想着征服英国、踩下俄国、一统欧洲，于1812年错误地远征俄国，最终因战线太远、兵力分散、后勤不足，在严寒、辽阔的俄罗斯腹地严重受挫、元气大伤，从此为其兵败滑铁卢埋下了伏笔。

同样，第二次世界大战期间，作为头号军事强国，德国依靠其铁甲战车的闪击战，从1939年到1941年先后占领波兰、挪威、瑞典、丹麦、荷兰、比利时、卢森堡、奥地利、捷克斯洛伐克、法国、南斯拉夫等欧洲的14个国家，如风卷残云般横扫欧洲。但自负狂妄的希特勒不满于此，于1941年6月入侵苏联，挑起苏德战争。1942年7月，终因后续兵力与供养不足，兵败斯大林格勒。此役不仅扭转了苏德战争的整个战局形势，也成为第二次世界大战欧洲战场的根本转折点。

检验指挥效能的唯一标准

当今时代，任何一支军队的任何一名指挥员，都知晓指挥效能的重要性，也渴望通过最大程度地提升和释放指挥效能以提高作战效能。当作战能力难以满足作战需求时，似乎都可以从指挥能力上找到症结；当作战效能难以达到预期目标时，似乎都可以从提高指挥效能上入手。

自进入21世纪以来，围绕指挥效能如何量化、如何评估、如何提升的研究炙手可热、俯拾皆是。处在信息、智能叠加驱动的时代，数字量化俨然已经成为这个时代的标签。

借鉴"实践是检验真理的唯一标准"这一颠扑不破的普遍

真理，可以推论出："战争实践是检验指挥效能的唯一标准"——这一普遍真理在战争与指挥领域的特殊显现。

这是因为作战指挥的活动舞台是战场，作战指挥的对象是作战行动，没有脱离战争实践的指挥，也没有脱离作战效能的指挥效能。指挥能力是高是低，指挥效能是好是坏，战争实践最有发言权。当然，某种指挥方式的优劣，也许在一次战争实践中还很难判断或者多少有些偶然因素，但如果多次战争实践均得出同样的结论，那么孰优孰劣、孰好孰差就不分自明。

导致战争失败的因素有很多，但促成战争胜利尤其是辉煌胜利的关键性因素一个也不能少，尤其是指挥效能断然不可忽视。因此，在一场战役战斗中，对于战争失败方的作战指挥，也许不应过多地挑剔与指责，但对于战争胜利方的作战指挥，必然有很多可圈可点之处值得学习与借鉴。

的确，实践是认识的唯一来源，也是检验认识是否正确的唯一标准。但正如认识有两种来源：一是直接认识（即通过自己的实践获取），二是间接认识（即通过别人的实践获取）。正如不可能事事都力求通过亲历才能形成正确认识一样，也不可能奢求通过战争实践去检验每一种作战方案的指挥效能，那种检验成本过于高昂、过于残酷，爱好和平的任何一个国家与任何一个民族都不会这么做，也不能这么做。

如此一来，兵棋推演、作战仿真、方案评估等就成为战前优化指挥方式，提升指挥效能的最佳方式。事实上，美军在每发起一场战争或作战行动前，为追求方案的最优化，通常都会组织"兵棋"推演。仅美军军内而言，就有多个兵棋推演和仿真模拟机构。比如，美国国防部机构有建模与仿真协调办公室（M&SCO）、模型与仿真信息分析中心（MSIAC）、国防大学应用战略学习中心（CASL），美军各军种也有自己的兵棋推演研究所、实验室。此外，兰德公司、战略与预算评估中心、霍普金斯大学应用物理实验室等重要智库，也是美军实施兵棋推演的重要依托机构。

当然，渲染兵棋推演的重要性，并非否认战争实践是检验指挥效能的唯一标准这一论断。恰恰相反，作为战争的预实践与替代品，兵棋推演对于优化作战方案、提升指挥效能的巨大功效正是对这一论断的佐证。

提升指挥效能的途径有很多，另外非常重要的一条就是通过军队调整改革优化指挥体制。深层次讲，世界各国历次调整改革军队力量规模与领导指挥体制，从正面来看就是为了更大程度地提升指挥效能，就是为了更好地适应形势任务、军事变革与未来作战需求（从负面来看，不排除某个时段、某些国家的军队调整改革是政治斗争与利益集团谈判妥协的结果）。但调整改革后，新的指挥体制是否能够生成更大的指挥效能，最终也只能通过战争实践来检验。

纵观革命战争时期我军力量规模与领导指挥体制的几次调整演变，无不是为了适应形势任务发展与作战指挥需要，无不是为了提高指挥效能。

新中国成立后，结合国防和军队建设的需要，我军历次进行的国防和军队调整改革，从某种意义上讲，也是为了紧跟一波又一波的军事变革浪潮，以适应战争形态和作战方式演变的需要，也是为了优化指挥模式，提高指挥效能。

作战指挥生于战争，没有战争就没有作战指挥；作战指挥服务于战争，最终还必须由战争检验，战争是检验作战指挥效能的唯一标准。

从战争中学习战争

对战争理解得越深刻，对作战指挥就理解得越深刻！

作为一名军事理论爱好者与作战指挥研究者，读战史越多，越发体会缺少战争实践是指挥员最大的缺憾，是制约作战指挥能力提升最大的瓶颈；越发认识到从战争中学习战争对于指挥员来讲是何等幸运，是何等重要！

从决定中国历史走向的战国风云、楚汉争霸、近代革命战争，到震荡欧洲版图的三十年战争、七年战争、拿破仑战争，再到席卷整个世界的两次世界大战，从战争中学习战争似乎已经成为世界名将的共同成长路径，成为军事界尤其是作战指挥领域流传甚久、无懈可击的哲理智言。

不同的时代背景，从战争中学习战争这一指挥员成长路径的价值是否发生变化？这种模式是否依然可行？没有战争的年代，怎么从战争中学习战争？

一、从战争中学习战争是指挥员成长最理想的模式

认识来源于实践，实践是滋养认识最丰厚的沃土。根据认识的来源不同，可以将认识划分为两种：一是直接认识，即亲

身参与实践，从实践中获取认识；二是间接认识，即通过别人的实践活动获得的认识。人类的一切社会活动都基本如此。

指挥员对战争的认识同样也主要有两种途径：一是亲身参与战争，在战争实践中获取对战争的直接认识；二是通过学习教科书或文献资料，获取间接认识。从理论上讲，第一种途径比第二种途径具有无可比拟的优势，是指挥员成长、指挥能力生成最有效最理想的模式。主要原因有：

一是直接来源于战争实践的认识与战争实践具有天然的亲和力。认识是主观对客观的反映，是经过大脑与语言加工处理过的产品。即间接认识多少夹杂着第三者的介入，无论其认识是否正确，客观上都是阻碍指挥员与战争实践零距离接触的层峦或纱帐。

二是直接来源于战争实践的认识本身就已经通过了战争实践检验。认识的价值在于指导实践，能否指导实践只能在实践中检验。从书本或文献资料中获取的间接认识是从认识到认识，原来的认识是否正确尚不可知。从战争中获取的直接认识是从实践到认识，是经过战争洗礼，经过胜败得失验证、经过指挥员筛选过的认识，其价值与有效性更有保证。

三是直接来源于战争实践的认识能够更好地应用于战争实践。从本质上讲，间接认识产生的直接母体是他人，是别人的认识；直接认识产生的直接母体是指挥员自己，是指挥员完全内化的东西。运用自己的武器肯定比运用别人的武器更加得心应手，这是朴素得不能再朴素的道理。从实践来看，不否定某些军事天才与生俱来的作战指挥天赋，但任何一名响彻世界军史的将帅无不是从战争实践中一路走来，无不注重从战争中学习战争。

三十年欧洲战争时期，被称为巴伐利亚将军的约翰·采克拉斯·冯·蒂利，自 15 岁参军，先后参加安特卫普包围战、白山之战、施塔特隆之战、卢特战役、马格德堡之战、布莱登菲尔德战役等，才逐渐练就其高超的军事指挥才能，成为威名远扬的最出色的欧洲国际战争名将之一。从大革命时期远征意大利和埃及的土伦会战、洛迪会战、阿尔科勒会战，到拿破仑帝国时期的耶拿会战、乌尔姆会战、奥斯特利茨会战，一生指挥 60 余场大小战役，才成就西方军事巨人拿破仑。

谈及从战争中学习战争，我军很多开国将帅也是这么一路走过来的。比如，解放战争时期聂凤智老军长在执掌 27 军时，就有一个好做法——"查战斗"，简单地讲就是打一仗，做一次总结，用总结的经验打下一次仗。对于从战争中学习战争，晚年粟裕在其战争回忆录中，直接将"从战争中学习战争"单独作为一个专题进行论述，直言不讳地说："在我以后的战斗生涯中，也没有机会进学校专门学习革命战争的理论，我的学习道路是从战争中学习战争。"[1]毛泽东在《中国革命战争的战略问题》也有两段精辟阐述："读书是学习，使用也是学习，而且是更重要的学习。从战争学习战争——这是我们的最主要方法。""做一个真正能干的高级指挥员，不是初出茅庐或仅仅善于在纸上谈兵的角色所能办到的，必须在战争中学习才能

1　粟裕：《粟裕战争回忆录》，北京：解放军出版社，1988 年，第 74 页。

办得到。"[1]

二、从战争中学习战争的模式可望而不可即

直接参与指挥作战实践，从指挥作战实践中总结与吸取胜败得失经验教训，形成初步认识与作战指导，再将获取的初步认识与形成的作战指导在下一场战争中检验运用，从而形成新的认识与作战指导……毫无疑问，单纯从军事角度讲，这种模式更加符合实践与认识的一般规律，理论上也是指挥员成长的最佳途径。

但战争具有暴力性与残酷性，对于任何一个国家与民族尤其是战败方，战争的破坏力都是灾难性的影响。战争的这一根本特点决定作战指挥活动不同于一般的组织领导活动。对于一般的组织领导活动，组织领导能力不强，可以通过反复参加社会管理实践逐步提高。但对于作战指挥活动，哪一个国家会为提升指挥员的作战指挥能力而单独发起一场战争？哪一个指挥员可以像企业管理者管理企业一样频繁地参加战争实践？

尤其是随着战争形态的不断演变，战争制胜机理也在逐步发生变化。

冷兵器、热兵器、机械化战争时代，企图通过一场为期不长的战争就彻底摧毁一个国家的综合力量与一个民族的战斗意志不太现实，战争的制胜方式是"积小胜为大胜"，战争呈现为一个长期的、频发的双向拉锯过程（比如，18 世纪中期的英法争霸战争前后持续 7 年，法国与欧洲反法联盟的拿破仑战争

1　《毛泽东选集》（第一卷），北京：人民出版社，1991 年，第 181 页。

前后持续 13 年，抗日战争前后持续 14 年，抗美援朝战争前后持续 2 年零 9 个月），上一场战争失败的损失可以通过下一场战争胜利赢取的红利来挽回。指挥员可以在战争实践的"大染缸"中"尽情地滋养"。从战争中学习战争、学习作战指挥具有丰厚的实践沃土。

当战争形态的车轮驶入信息化时代，战争制胜机理由原来的"大吃小"转变为现在的"快吃慢"。一分钟决定战斗成败，一小时决定战役胜负，一月左右决定国家生死存亡（比如，海湾战争主要作战行动仅持续 42 天，伊拉克战争美军主要作战行动仅持续 25 天）。一方面，在一场战争失败后，孕育备战下一场战争胜利的周期少则需要几年，多则需要几十年；另一方面，现代战争不可承受的破坏力，使任何一个国家的战略决策者都不得不对战争这一"洪水猛兽"望而生畏。战争持续时间的短促性、爆发周期的长时间与战略决策者对战争的敬畏感共同决定，指挥员企图指望频繁参加战争实践学习战争、提高作战指挥能力极不现实。

三、没有战争的年代也要注重从战争中学习战争

"国虽大，好战必亡；天下虽安，忘战必危！"

数点大国兴衰的历史沉浮，有些毁于战略野心膨胀驱使下的穷兵黩武，有些毁于刀枪入库、马放南山的备战懈怠。国家与人民需要和平，军队与指挥员又需要战争磨砺的正向冲突，要求我们既不能轻易发动战争，又不能居安忘战；长时间的和平对于国家与人民来讲是福，对于一支军队战斗力提升来讲是

祸的双向矛盾，自然碰撞出"在没有战争的年代，从战争中学习战争是不是就成了一句空话？和平年代从战争中学习什么？如何从战争中学习战争？"的疑问。

在没有战争的年代，从战争中学习战争不仅没有过时，而且比以往更加重要。

这是因为：一方面，战争爆发频率的降低使战争实践这本无字教科书的价值更显稀有与珍贵，忽视一场战争的学习，就可能错过一种战争形态的演变；另一方面，现代战争是国家整体实力之间的综合较量，能够全面展现一个国家与军队的国防与军事战略、军事思想、战役战法、军事科技水平与整体作战能力。通过研析一场战争尤其是世界军事强国之间的战争，不仅可以参透作战双方几十年的备战应战能力，还可以前瞻未来几十年战争与作战方式的发展趋向。深一步讲，对标世界军事强国之间的高端战争，不仅可以对己方国防和军队建设、作战能力进行一次全方位检验透视，还可以为制定和修正己方国防和军队建设发展战略提供方向指引。

那么，和平年代具体如何从战争中学习战争呢？在炮火连天、硝烟弥漫、战事频发的焦土年代，从战争中学习更多的是战术；在长期蓄力、常态军备、一战定局的当今时代，从战争中学习更多的是战略（这不是绝对的，而是相对而言）。

具体来说，在战争年代，通过频繁参与战争实践，指挥员对如何理解作战任务、如何分析判断情况、如何定下作战决心、如何摆兵布阵、如何指挥控制作战行动、如何临机处置战场情况等形成更加直接深刻的认识，对作战指挥的组织程序、具体内容、实施方法等更加熟悉，会在"术"的层面明显提升；在和平年代，通过研析世界军事强国的高端战争，更多锻炼的是从武器装备革新与作战方式变革的微弱曙光中预测战争形态发展变化的前瞻能力，从乱象丛生与错综迷离的世界风云中开天见日的战略眼光。从这个角度讲，和平年代也许确实存在指挥员尤其是战术指挥员无法参加战争实践的遗憾，但就战争本身折射的价值来看，其对战略指挥员的启迪与开化作用丝毫不逊于战事频发的战争时期。

换句话讲，在烽火连绵、战事不息的古代、近代时期，从某种程度上讲，一场普通的战争更多的是指挥员指挥谋略、用兵之道的实兵检验，指挥员从一场战争学习更多的是具体的战术战法、指挥经验，但这种具体的指挥经验可能最多只能向前照亮几天、几十天、几个月；在一战决定国家存亡、一战重塑地缘格局的现代时期，一场看似规模不大的局部战争实则是综合国力、军事科技、国防战略、指挥谋略的综合比拼，指挥员从一场战争中学习更多的是政治道路、科技走向、国防策略。这些战略也许不像具体的战术战法那样会对作战指挥产生直接的作用，但却可以透射未来的战争形态、作战样式、武器面貌，可以照亮未来几年、几十年甚至上百年的作战指挥发展之路。

"横看成岭侧成峰，远近高低各不同。"以不同的用意、从不同的视角看待战争，战争呈现的景象、折射的机理、释化的作用不同。作为战略决策者，最为重要的不是从战争中学习指挥经验，而是从国家和军事战略角度思考如何慑止战争，如何更好地规划国防和军队建设与发展，如何不战而屈人之兵；

作为无权决定是否发起战争的战役战术指挥员，参与战争就要敬战如师、学战研战、从战争实践中砥砺指挥素养，提升指挥能力。

一句话，从战争中学习战争是具有长久时空价值与普遍指导作用的金科玉律，也许其具体内涵千姿百态，但其逻辑生命力持久不衰。

活的作战指挥教科书

学习作战指挥最好的材料是什么？听起来，这是平常得不能再平常的饭后谈资。但这确实是方法论问题，对于部队指挥员和军事理论研究者尤为重要。因为每个人的知识结构不同、学习经历不同、个人特点不同、需要增强与补充的内容不同，实在不宜给出唯一确定的回答。如果说非要给出一个回答，结合个人学习心得，从一般意义上讲，那就是战争回忆录。

一、什么样的材料算是战争回忆录

简单地讲，战争回忆录是参战指挥员本人或其他亲历者对指挥员过往作战指挥经历回忆思考的文献资料。这种文献资料可能是指挥员自己回忆、自己撰写，也可能是自己口述、他人记录，还可能是他人回忆、他人撰写。

比如，《什捷缅科大将战争回忆录》就是苏联军事家什捷缅科大将对苏联卫国战争时期其任总参谋部副部长、部长工作经历，尤其是指挥作战经历的回顾与思考；《粟裕战争回忆录》

是"战神"粟裕对其参加南昌起义、浙南三年游击战争、天目山战役、苏中战役、宿北战役、鲁南大捷、孟良崮战役、游击战役、渡江战役等戎马一生的回忆和总结；《战争回忆录》是法兰总统戴高乐从其与法国的角度对二战的回忆。类似的文献资料还有《蒙哥马利元帅战争回忆录》《装甲作战：赫尔曼·霍特大将战争回忆录》《丘吉尔第一次世界大战回忆录》《丘吉尔第二次世界大战回忆录》等。

当然，有些文献资料可能没有冠之以战争回忆录的名讳，但从内容与性质上确属战争回忆录。比如《隆美尔战时文件》，是英国军事思想家李德·哈特对"沙漠之狐"隆美尔在法国战场、北非战场及盟军诺曼底登陆前在法国负责防御作战经历的清晰展现。又比如《我在指挥中央司令部》，是时任美军中央司令部副司令迈克德龙对阿富汗战争、伊拉克战争内幕与决策过程相对真实的亲身讲述。再比如《拿破仑论战争》《毛泽东文选》《刘伯承军事文选》《彭德怀万言书》等很多古今中外知名军事将帅的自传、论著、信件，虽然也没有直接话之为战争回忆录，但其对战争场景、作战行动、指挥工作的描述，从某种程度上不也是一本活生生的战争回忆录吗？一言以蔽之，凡是反映指挥员作战尤其是作战指挥过程的文献资料都属于战争回忆录的范畴。

二、为什么强烈推荐战争回忆录

强烈推荐战争回忆录，并非否认其他文献资料的价值。尤其是《孙子兵法》《战争论》《中国革命战争的战略问题》《论持久战》《国防论》《大战略》等军事名著的价值，恐怕世上没有几本文献资料可以与之争辉。较之其他文献资料，品读战争回忆录有以下几点优势：

一是战争回忆录能够再现真实的战争场景与作战指挥过程。

战争回忆录的作者通常是指挥员本人或战争与作战指挥的亲历者。也许其文字没有那么整齐，但毕竟是从指挥视角对战争与作战指挥过程原生态的还原，没有经过加工、删减等中间环节的"污染"，能够给读者展现一个相对真实的战争与指挥场景（从指挥员指挥技能训练的角度讲，这就是最好的想定作业条件）。什捷缅科大将在其战争回忆录中，站在苏军战略指挥层的高度，清晰、通透、客观地展现了苏军最高统帅部和总参谋部的内部分工、工作节奏、工作方式，以及如何逐步摆脱困境、掌握战争主动的作战指挥过程，是全面真实了解苏军战略指挥的上佳文献资料。

二是战争回忆录能够展现指挥员的思维过程。

虽然我们经常将作战指挥划分为情况判断、作战决策、组织计划、指挥控制等具体的作战指挥活动，但作战指挥不是单纯的行为活动，而是思维活动与行为活动的统一体，并且思维活动是内在行为，行为活动是外在表现，思维活动主导行为活动。而一般的指挥教材、战例资料，通常是对作战指挥外在行为即具体作战指挥活动的客观表现，很少涉及尤其是真实展现指挥员的主观心理活动。即平时我们只能简单地看到指挥员的决策结果、部队行动与处置措施，但对指挥员做出决策的思维过程很少呈现。而指挥员的思维过程恰恰是最重要的指挥活动，是读者最渴望知晓的内容，是滋养指挥素养最珍贵的玉液。

战争回忆录尤其是指挥员本人亲述的回忆录，能够把读者带进战场，带进指挥员的指挥环路，带进指挥员的内心，让读者零距离触摸与感悟其作战决策的思维方式、决策方式与心理路径，是最走心、最鲜活、最贴近作战指挥实际的作战指挥实践教学。这是指挥教材等其他文献资料无法企及的特有优势。

在德国二战三大名将之一的古德里安回忆录《闪击英雄》的"1941 年俄国战局'莫斯科还是基辅'"一章中，对其为什么力主选择莫斯科而不是基辅，为什么希特勒最终没有选择莫斯科而选择了基辅等进行了翔实介绍与分析，是真实反映德国纳粹决策过程的鲜有资料。不用像组织战例作业那般刻板，研读这些资料，会很自然地把读者带进历史、带进角色，引导读者自觉地从指挥角度重新思考与审视德军战略决策的正与误、得与失。

三是战争回忆录兼具理论性与趣味性。

作战条令、指挥教材等文献资料系统性、理论性、逻辑性强，是学习作战指挥理论的应读文献，但长期阅读，对于作战指挥基础理论素养不够深厚的读者，难免有些干瘪、枯燥。相比而言，军史战例、将帅传记等文献资料虽然更具趣味性与通俗性，但缺乏系统性、理论性。但研读作战指挥文献资料毕竟不是走马观花地看小说，花费过多时间读名人传记，无益于帮助指挥员构建作战指挥知识结构、提升作战指挥方法技能、磨砺作战指挥思维方式。也许战争回忆录这类文献出现时从来没有想过去解决什么问题，但它的出现的确实现了理论性与趣味性的完美结合。而这一结合的根本在于，指挥实践活动与指挥思维活动在战争回忆录主人公身上的天作之合。

一方面，作为战争的亲历者与作战指挥的实践者，其对战争与作战指挥了解更加真实，陈述更加生动具体，易于读者接受与理解。比如，隆美尔在写给 B 集团军总部工兵指挥官麦西将军的一封信中有过一段关于布雷的描述："沿着海岸方面和内陆防线方面，都应该有一个宽达 1000 码的布雷地带，平均每一码地需要 10 枚地雷，所以整个法国前线需要 2000 万枚地雷。至于其余的地区（共 8000 码），还一共再需要 2 亿枚之多。"[1]如果要了解"侵入战"（德军角度）的布雷计划，可能很少有什么文献资料比此更有说服力。

另一方面，作为具有丰富作战指挥经验的战场名帅，主观上也许其并非有意而为，但客观上其作战指挥的过程就是指挥主体从指挥视角，综合运用指挥理论、指挥手段和指挥方式，进行作战指挥实践的过程。在作战筹划和指挥控制过程中，其对战争、国家战略、军事战略、武器装备、作战活动、参战人员、作战对手、指挥活动的考虑、评价与思考，内含很多寓意深刻、鲜为人知的真知灼见。重新回味粟裕对浙南游击战术总结的"以最小的牺牲换取最大的胜利；不在消灭敌人，而在消磨敌人；支配敌人，掌握主动……"[2]等作战原则，不难发现其不仅对于指导当时的游击战争具有直接现实意义，而且对当今战争形态

1　［英］李德·哈特：《隆美尔战时文件》，钮先钟译，北京：民主与建设出版社，2015 年，第 443 页。

2　粟裕：《粟裕战争回忆录》，北京：解放军出版社，1988 年，第 183 页。

和作战的指导意义丝毫没有因时空的拉长而削弱。

站在现在的时代窗口，越发深入研读、品味、感悟这些散落在战争回忆录中的明珠，越发敬佩这些世界名将对战争与作战指挥的认知与思考深度，越发感受其穿越时空的理论价值与开化作用。

三、怎么学习战争回忆录

学习提升毕竟是一种主观能动行为，能否学好不仅取决于学习资源等客观条件，更取决于学习态度、学习方法等主观原因。再好的学习资源得不到正确的开发利用，也释放不出其应有的效能。否则，就不会出现同一个老师教出来的学生有的是筹划有谋、指控有度的善战名将，有的是死守教纲、纸上论战的后人笑柄；有的战功赫赫成就千秋伟业，有的战绩平平庸碌无为一生。或许这也是培养人与工厂生产零部件的最大不同之处。

战争回忆录本身是滋养指挥素养的上好养料，但战争回忆录不是不用过滤的天上圣水，更不是放之四海而皆准的指挥圣经，需要以正确的态度与正确的方式研读。具体来说，学习品读战争回忆录应该具备以下视角：

一是纯粹视角：过滤作者的政治与阶级立场。

不可否认，每个人都有自己的政治与阶级立场。尤其是对于能够写出战争回忆录的人，不管作者是挥戈战场的本人，还是后期文献资料的整理编撰者，他们要么是以服从命令为天职的职业军人，要么是服从政治纪律、碍于政治要求的文人墨客。即战争回忆录这一思想产品产生的母体本身就有显明的政治烙印。战争回忆录的主人公与作者也是人，也多服从与服务于某一政治阶级与政治立场，对此我们不能以圣人的眼光要求过高。从研战学战角度讲，我们应该自觉戴上"政治滤色镜"，过滤掉主人公与作者的政治底色，纯粹从军事角度审视评价主人公的作战思想、兵力部署、战役战法、战场处置等作战指挥活动与作战指挥水平；应该自觉摘掉我们自身的"政治眼镜"，客观公正地评价学习主人公的指挥谋略、指挥方法与指挥意志。

二是辩证视角：突破将帅的身份权威。

能够留下战争回忆录的人要么是戎马一生、军功累累的世界名帅，要么是闻于实战、善于研究的军事理论家。一句话，都不是寻常平凡之辈，都具有较强的时空影响力。但任何人都不是圣人，说话做事与思考问题都不一定那么全面准确，都是从某一视角看待问题、处理问题。我们不仅要善于发现与学习其登峰造极、出神入化的指挥艺术与方法，更要注重查检与反思其指挥失利之因。否则，如果唯名帅名言是从，就会陷入教条主义与个人崇拜，认知与思维方式就会被束缚。

三是发展视角：挖掘作品的时代价值。

每一部军事理论作品都有其孕育、破土、发展、成熟的时代土壤，也都有其军事效益生成与释放的时空舞台。有的军事理论作品具有持久生命力，其价值效益不因时空变迁而削弱；有的军事理论作品也许在当时的战争舞台上大放异彩，但由于远远滞后于时代车轮的转速，其对现代战争的指导价值可能会大打折扣。比如，"闪击战"创始人古德里安的回忆录《闪击英雄》，饱含着其对装甲集群作战编组、作战方法、作战过程的全面深度思考与实践运用，对于二战时期指导装甲作战具有重大现实指导意义，但如果用其指导当今具有智能化特征的信息化局部战争，显然有些力不从心了。作为读者，最为关键的就是从战争回忆录中找出其历史局限，对表时代要求，挖掘并赋予其新的时代价值与生命力。

品读战争回忆录就是品读战争真相，品读英雄人生，品读军事思想，品读指挥艺术。于此，唯能立当今之现实，以纯粹之心态、客观之视角、辩证之立场，学过往指挥之精妙，探未来胜战之法门。

世上没有相同的作战指挥

我们可以从战争中学习战争，可以从作战指挥中学习作战指挥，但无论曾经的战例多么辉煌、昔日的指挥员多么伟岸，千万不要试图从过往成功的战例中，寻找一种放之四海而皆准的作战指挥模式与范本。因为没有一成不变的作战指挥。

从矛盾的特殊性角度看，德国哲学家莱布尼茨曾说过："世上没有两片完全相同的树叶。"一片简单的树叶尚且是独一无二的，何况是复杂的作战指挥系统？既然任何事物都具有自身的特殊性，作战指挥活动当然也不例外，这符合事物普遍性与特殊性的哲学认知。

从系统论角度看，战争是国家与国家、阶级与阶级、政治集团与政治集团之间的武装暴力对抗，涉及政治、经济、军事、外交、文化、社会等人类活动的全部空间领域，是一个典型的复杂系统。同样，作为与战争母体相伴相生、如影随形的本体，作战指挥也是一个包罗万象的巨大系统，其活动范围充盈陆、海、空、天、电全维空间，作用因子涉及物理域、认知域、心理域多个领域，也是一个典型的复杂系统。按照系统论的观点，与简单系统相比，复杂系统有三大特征：适应性、不确定性和不可还原性。仅此来看，作战指挥活动就不可还原。因此，从现代科学角度分析，作战指挥活动的不可复制性是由复杂系统的本质属性决定的。

从发展论来看，任何事物都不是孤立的、静止的，而是相互联系的、运动发展的，万事万物都处于运动变化之中。作战指挥活动与指挥员特点、指挥员素质、作战对手、作战力量、作战环境等息息相关。其中任何一项因素发展改变，都会对作战指挥活动产生不可逆转的影响，并且任何一项因素又实实在在地处于运动发展之中。诸多因素的共同作用，必然引发作战指挥活动不断发展。即使是同一指挥员，处于相同的作战环境，指挥相同的作战力量，与相同作战对象对抗，也不可能演绎出完全相同的作战指挥活动。因为人本身就是一个复杂系统，随着时间轴的延伸，同一指挥员的生理状况、思维方式、情绪状态在不同的时刻不可能完全一样，这些都是作战指挥活动变化的促发因素。

在时空的长河里，凡事过往皆为序章。这就是为什么有的指挥员使用某种战略战术可能会大获全胜，但其他指挥员使用这种战略战术则可能会一败涂地。有的指挥员曾经因使用某种战略战术可能一战成名，但此后再用这种战略战术可能就会臭名远扬。

因此，真正能征善战的指挥员无不善于因时因地因敌改变战略战术和调整作战部署。打开战争的历史画卷，那些束缚于"兵法教令"的条条框框，脱离战争实践的指挥者，虽然同样也被写进了历史的"名册"，但多数都成了后世的笑柄。

公元前260年，长平之战中，赵国中了秦国的反间计，用只会纸上谈兵的赵括替代廉颇，结果赵括改守为攻，惨败于秦国名将白起之手，40余万赵军被秦军坑杀；东晋时期殷浩，因精通玄理，盛名远扬，后其毛遂自荐，上书简文帝领军北伐，后因过于自负、决策失误、用人不当，导致北伐军落败而归；志大才疏、顽固不化、不知变通的唐朝宰相房琯，曾上表唐肃宗亲自率军征讨叛军，结果被叛军杀得横尸遍野，他所导演的"黄牛战法"成为千古笑柄；被明太祖十分看重、饱读兵书、举止华贵的李景隆，率百万之师征讨燕军，由于没有实战经验，结果看见敌军就乱了方阵，一次丧失近50万军队。

既然作战指挥活动不可复制，那么必然有人会问学习兵法还有何意义？研究战例还有何价值？从表面上看，沿循这种逻辑，发出这种疑问是正常的；但从深层看，发出这种疑问本身其实就是企图从书本上、从战例中直接找到作战指挥范本的反映，又是教条主义的体现。

作战指挥活动不可复制，并非否认研究战例、研究作战指挥的意义与价值，更非说明作战指挥活动具有不可知性。恰恰相反，作战指挥活动矛盾的特殊性并不否认作战指挥活动矛盾的普遍性，作战指挥活动看似犹如一只万花筒千差万别，但其背后是有规律可循的。这说明要想驾驭战争、赢得未来战争的主动权，要想在未来战争的作战指挥中得心应手、游刃有余，需要静下心来，由表及里、由内至外、去粗取精、去伪存真，对作战指挥进行全面深入系统研究，真正掌握隐匿于作战指挥活动中的深层规律，真正掌握"战争的游泳术"[1]。

熟诵兵法、只会纸上谈兵的唯书本论者难以指挥打胜仗，不注重学习战争和研究指挥、不懂用兵之道的门外汉更不可能赢得战争。历史上真正战功卓著的名将多是善于学习战争、研究战争，掌握作战指挥理论并结合战争实践进行创造性运用的高手。

善于打大歼灭战闻名全军、响彻中外，为新中国成立建立了赫赫战功的一代战神粟裕，虽然不像国民党将帅一样经过系统的军事教育培训，但是他非常善于在军事革命实践中研究战争、学习指挥。对此，他在其战争回忆录中有十分透彻明确的表述："教导队军事训练十分严格，但只能算是养成教育。在我以后的战斗生涯中，也没有机会进学校专门学习革命战争的理论，我的学习道路是从战争中学习战争。"[2]此外，在《粟裕传》中也说道："从 1928 年 4 月上井冈山开始，到参加中央苏区的创建和反'围剿'斗争，粟裕一直跟着毛泽东、朱德转战，

---

1 毛泽东说："军事家不能超过物质条件许可的范围外企图战争的胜利，然而军事家可以而且必须在物质条件许可的范围内争取战争的胜利。""指挥员在战争的大海中游泳，他们不使自己沉没，而要使自己决定地有步骤地达到彼岸。指导战争的规律，就是战争的游泳术。"详见《毛泽东选集》（第一卷），北京：人民出版社，1991 年，第 182、183 页。

2 粟裕：《粟裕战争回忆录》，北京：解放军出版社，1988 年，第 74 页。

身在军队最基层和战斗第一线，学军事的注意力却放在高层次战略决策和战法问题，在实战中学到了毛泽东、朱德指挥战争的精髓，从红军的一名基层干部，成长为高级指挥员。"[1]可见，即使被人们封为战神的粟裕，但其也不是天生就会打仗，其作战指挥能力形成的途径也是学习，而且是结合战争实践不断地学习，并且他的老师还是世上少有的伟大的军事家——毛泽东、朱德！

人脑是世界上最神奇、最伟大、最具创造性功能的加工厂，可以将大千世界各种相关的原材料，取其精华、去其糟粕，选择性地吸收并转化为自己的认知与能力。这种产品虽然没有那么形象具体，但却犹如一把万能的金钥匙，可以将一切问题迎刃而解。因此，虽然天下没有相同的作战指挥，没有可以复制的作战指挥活动，但只要研究战争、学习战争，研究指挥、学习指挥，掌握战争规律和战争指导规律，认清作战指挥活动万变之后的不变，就可处处在作战指挥实践中致人而不致于人，就能时时掌握作战指挥的主动。

1　《粟裕传》编写组：《粟裕传》，北京：当代中国出版社，2007 年，第 28 页。

「第五章」
作战指挥方法论

据不完全统计，在5500多年的人类文明史上，已经发生过14500多场战争。每场战争虽然最终逃脱不了或胜或败的终局，但制胜密码都不相同。因此，从来不要寄希望于从过往战史中找到能够直接指挥打赢未来战争的万能钥匙。人类战争史虽然犹如万花筒般千变万化，但变化中亦有变与不变之法。以史明鉴、以史力行。研究战争、研究指挥的根本宗旨，就是从战争史、指挥史中感悟战争的奥妙无穷和指挥的深远谋略，从战争史、指挥史中认识战争规律和战争指导规律，从战争史、指挥史中萃取提炼战争的制胜机理和指挥之道，树正认知，开化心智，启迪思维，以指导今日之作战指挥。

本章重点围绕指挥手段与指挥方式的关系、指挥方式的理想状态、如何提高指挥效率、指挥机构如何编成编组、战术聪明与战略智慧、指挥意志与战略红线、奇正之不变指挥之法等作战指挥的方法论问题进行浅层探讨。当然，本章只是从作战指挥方法和内在逻辑的角度研究问题，并非表明已经找到作战指导规律和作战指挥的方法准则。

指挥手段决定指挥方式

指挥方式服务于指挥效能。为最大程度地达成指挥目的，每一个指挥员都想"随心所欲"地选择使用指挥方式。但指挥方式的产生不是主观的，而是与作战指挥相关的各种主客观条件发展到一定阶段的产物；指挥员也不是想用什么样的指挥方式，就能用什么样的指挥方式，指挥方式的使用受制于各种战场条件。

目前，学术界关于作战指挥方式的定义有狭义与广义之分。无论是从狭义上讲，还是从广义上看，作战指挥方式在很大程度上都取决于作战指挥手段。

作战指挥手段之于作战指挥方式，犹如生产活动中的生产工具与生产方式，学习活动中的学习工具与学习方式，娱乐活动中的娱乐工具与娱乐方式，劳作活动中的劳作工具与劳作方式，作战活动中的武器装备与作战方式……就像没有拖拉机、播种机、收割机等农用机械，就不可能实现机械化大规模农业生产；没有互联网、智能手机，就不可能进行线上教学；没有人脸识别和数据安全管理技术，就不可能实现手机银行自助转账和智能门禁管理。同样，没有相应的指挥手段，就不会有相应的指挥方式。作战指挥手段是实施作战指挥的物质条件与基本依托，指挥手段的发展限制与决定着指挥员在作战指挥活动中的想象力与创造力，制约着作战指挥活动的方法与形式。

指挥之道

从狭义上讲，作战指挥方式是作战指挥职权分配与使用的方式与形式，主要包括集中指挥、分散指挥、逐级指挥、越级指挥等。其中，根据指挥职权分配与掌握的程度，分为集中指挥与分散指挥；根据指挥职权流转的层级，分为逐级指挥与越级指挥。

原始战争初期，为争夺野兽、野果，战争规模与作战方式呈现为几十人或上百人的木棒石器之斗，在没有任何外部指挥手段的情况下，人的耳、眼等身体器官能够直接感触信息的距离就是指挥控制范围，部落首领通过"振臂一呼"就可直接指挥所属部落人员，作战指挥权完全集中在部落首领手中，作战指挥方式没有集中与分散、逐级与越级之分（其实，当时"指挥员"可能连集中指挥与分散指挥、逐级指挥与越级指挥的概念都没有）。火与文字发明之后，人类制作生产与生活工具的能力提升，人类的生产生活方式由原始状态的游牧生活向相对固定的农业群聚生活逐渐转变，部落群体逐渐增大，战争规模也逐渐扩大，指挥控制范围成倍拓展。此时，仅靠"指挥员"个体感官已难以指挥控制整个战场。适应作战指挥需求，金、鼓、旌旗、烽火、阴符等逐渐成为普遍使用的指挥手段，指挥职权以这些简便有效的指挥手段为载体，得以在自然空间延伸流转。如此一来，为提高指挥效应，灵活应对战场突发情况，"将在外，君命有所不受"等反映分散指挥，以及"将从中御，兵无选锋"[1]

1　出自先秦兵书《军志》。"将从中御"，是指皇帝直接控制军事指挥权，限制和剥夺前线将帅指挥权。"北宋第一良将"曹彬率十万大军北征，结果全军覆没，皆因宋太宗赵光义过度干预前线指挥，导致曹彬束手束脚。

等反映越级指挥的指挥方式就应运而生。

任何事物都是矛盾的统一体，没有多就没有少，没有大就没有小，没有长就没有短，没有高就没有低，没有胖就没有瘦，没有前就没有后，没有左就没有右，没有上就没有下，没有里就没有外……同样，没有分散就没有集中，没有越级就没有逐级。至此，指挥员才逐渐意识到作战指挥职权运用有集中与分散之分、逐级与越级之分。作战指挥过程中，为实现作战指挥职权的最佳配置与使用，集中指挥与分散指挥、逐级指挥与越级指挥之间的矛盾就由此展开。

后来，随着近代科学技术的兴起，望远镜[1]、电报[2]、电话[3]等指挥手段广泛应用于战场，指挥手段发生第一次质的飞跃，指挥员可以超越人自身感官范围，在目视之外指挥控制作战。1906年，电子管发明之后，无线电、雷达、导航等无线电通信技术快速应用于战场，指挥信息实现越洋传输，指挥手段发生第二次质的飞跃。进入20世纪40、50年代，随着第一台计算机的发明，尤其是自动化技术、通信技术、网络技术的融合发展，指挥信息系统不断换代升级（C^2I、C^3I、C^4I、C^4ISR），侦察、情报、通信、计算机、指挥、控制等融为一体，指挥手段实现了第三次质的飞跃。近些年，随着无人机、语音识别、图像识别、深度学习等技术的融合发展，集自主感知、自主判断、自主决策、

1　19世纪初，荷兰人发明了望远镜，但第一次应用于战争的具体时间不详。

2　1837年，莫尔斯发明第一台电报机，英国人首次应用于1853年的克里米亚战争。

3　1895年，美国人贝尔发明，不久就用于战争。

自主控制的智能化指挥信息系统正呼之欲出，指挥手段发生第四次质的飞跃指日可待。

纵观指挥手段的革新历程，从手工指挥到机械化指挥，从机械化指挥到信息化指挥，从信息化指挥到具有无人自主特征的智能指挥。一方面，指挥手段传送距离越来越远、传送速度越来越快、传送容量越来越大、能够支持的数据类型也越来越多元，为更大程度地实施集中指挥与越级指挥提供了技术可能；另一方面，战争规模不断扩大，作战空间无限拓展，作战行动交织联动，过度集中指挥职权难以指挥控制全域多维作战行动，频繁实施越级指挥又极易扰乱指挥体系，需要按照一定规则权限，逐级分散实施指挥。

也就是说，自指挥方式"分体"之后，作战指挥方式的标尺一直在集中指挥与分散指挥、逐级指挥与越级指挥的矛盾体中滑动。

具体来说，伴随冷兵器战争到信息化战争的演变，指挥手段也由手工化向信息化发展，指挥手段互联互通性能越来越好，作战行动的联合性、协同性要求越来越高，集中指挥的重要性越来越突显，但随着人工智能技术向战争领域物化，正在引发一场战争形态与作战样式的颠覆性革命，武器装备正由大型武器平台向小型无人作战体系转变，作战样式正由原来的多军兵种一体化联合作战向基于作战云的分布式作战转变，指挥手段正由信息化向智能化方向发展，作战指挥职权的分布也发生了结构性变化。

一方面，在智能化指挥手段的支撑下，处在指挥体系上层的指挥机构或指挥员的指挥能力极大增强，指挥跨度增大，可以更大程度上集中行使指挥职权；另一方面，蜂群、狼群、鱼群等小型无人作战体系可以自主组网构建作战体系、自主感知战场信息、自主判断战场情况、自主定下作战决心、自主指挥控制作战行动，独立行使指挥职权的能力增强，在指挥体系的底端分散指挥的分量越来越大，作用发挥也更大。打个比喻，在智能化指挥手段出现并广泛应用于战场之前，指挥职权在指挥体系中自上而下匀量分解；智能化指挥手段广泛应用之后，指挥职权分布呈现"上层高度集中，末端高度分散"的哑铃状。从指挥职权运用跨越的层级来看，一方面，指挥体系结构更加稳定，需要更加注重逐级指挥；另一方面，实施越级指挥的技术可能性像"滚雪球"一样越来越大。

总之，作战指挥手段几经演变，虽然没有改变集中指挥与分散指挥相结合、逐级指挥与越级指挥相结合的基本格局，没有将四种基本指挥方式的任何一种淘汰，但对结合方式、权重比例一直起着天平性的影响。

广义上讲，作战指挥方式是作战指挥的方法与形式，是作战指挥活动的基本依托。不同的标准形成不同的分类。按照实施作战指挥的空间位置，可以分为陆上作战指挥、海上作战指挥、空中作战指挥、太空作战指挥等；按照军兵种，可以分为陆军作战指挥、海军作战指挥、空军作战指挥、网（电）军作战指挥、太空军作战指挥、联合指挥等；按照指挥机构的形态，可以分为固定指挥、机动指挥；按照作战指挥依托的载体，可以分为现地指挥、图上指挥、沙盘指挥、态势图指挥等；按照指挥信息的形态，可以分为口令指挥、文电指挥、数据指挥、代码指挥等。

从指挥空间范围来看，在无线电台、雷达、导航、空间卫星等指挥技术手段应用战场之前，是不可能实施空中与太空指挥的，是无线电通信技术将作战指挥推向立体；从指挥对象来看，在导航定位、电子技术、计算机技术、通信技术成熟之前，是不可能实施大范围海军指挥、空军指挥、网电指挥的，是通信技术、计算机技术、网络信息技术的融合将作战指挥推向军种联合。同样，在绘图制图技术比较落后，没有军用地图的情况下，为排兵布阵、了解战况、现场控制，指挥员多数情况下不得不亲临战场；在电子侦察技术、监视技术、计算机信息技术、网络通信技术、数据链技术成熟之前，指挥信息只能通过作战文书的方式上传下达，指挥员是不可能对着大屏幕任意切换战场，依托态势图实施指挥的。

一言以蔽之，作战指挥手段是作战指挥方式的物质依托，作战指挥方式是作战指挥手段运用的具体形式与反映。有什么样的作战指挥手段，就有什么样的作战指挥方式。指挥员可以在指挥手段允许的范围内，创造性地运用作战指挥方式，但不可能超脱指挥手段客观条件的限制，谋求运用指挥手段无法支撑的作战指挥方式。

回归指挥的本义：集中统一

认知程度决定观点立场。当我们使用现有知识、现有手段无法解释现实问题时，我们通常会选择寻找一种新的途径。我们之所以坚信作战指挥需要集中指挥与分散指挥相结合，就是因为当只实施集中指挥时，存在很多弊端，这些弊端正是分散指挥所能解决的。同样，当只实施分散指挥时，也存在很多弊端，这些弊端也正是集中指挥所能解决的。于是，集中指挥与分散指挥相结合就成为军事理论研究者与部队指挥员普遍认可与接受的指挥方式。正如拿破仑所说，"一切动作应该依据一个方式，侥幸是不能成功的"，任何问题、任何活动注定有一个理想方案，也许我们一直努力却始终没有找到，但那不代表不存在，而是因为我们没有发现。

集中指挥，亦称"统一指挥"。从具体表现上看，不仅要明确作战意图和作战任务，也要明确遂行作战行动的方式、方法和手段，即统一意图、统一计划、统一协同、统一行动、统一保障。这种指挥方式的优点是便于贯彻作战企图、组织协调作战行动与形成作战合力，缺点是指挥员指挥任务重、压力大。仔细比对集中指挥的特点，不难发现，集中指挥的优点正好切合作战指挥的定义（作战指挥是指挥员及其指挥机关为达成作战目的，按照统一计划对所属作战力量遂行作战行动的特殊组织领导活动）。

一句话，作战指挥的理想状态是集中统一指挥。这是由作战指挥的本质属性决定的。

从属性上讲，作战指挥是对所属作战力量的组织领导活动。组织领导说到底是让众多的被管理者按照管理者的意图行事。作为管理者，最期望的状态是被管理者都能零折扣、零差错地服从管理、执行命令；作为被管理者，最期望的状态是能够第一时间完整准确地接受和理解管理者的意图。同样，作为指挥者，最期望的状态是所有被指挥者都能按照统一的作战意图准确无误地实施作战行动；作为被指挥者，最期望的状态是兵令如一、简单明了。无论采取何种指挥方式，最终目的都是如此。并且，为达到以上最佳状态，我们一再革新提升作战指挥手段性能，一再探寻一种更加合理的指挥方式。

从指挥信息源来看，集中指挥能够确保兵令归一。在职权运转领域，无论下层结构如何，号令源最好只有一个，否则会引发权力的争夺与碰撞。说到底，作战指挥是一种职权分配的方法与形式，分散指挥就意味着分权，意味着令出多门。如此一来，本来一句话可以直接传递给被指挥者，现在却要被分成八九个词，将每个词授权委托给其他人，再由其他人分别传递，被指挥者接受之后还需要研判组合，揣测原来指挥者的真实作战意图。权力可以零剩余地分割，但难以零差错地整合。也许指挥者可以将作战指挥权限零差错地分割，但分割后的权限经过传递要想再次完美地组合对接谈何容易？

从指挥信息传递过程来看，在指挥职权分配、行使与组合过程中，不可避免地会造成指挥信息的缺损、冗余、污染和延迟。指挥信息不是不可改变的，指挥员也不是静止的机器。指挥员在行使指挥职权的过程中，指挥员与指挥信息之间会发生双向交互。即客观的指挥信息会在指挥员大脑中形成主观反映，指挥员的主观因素又会反过来影响与改变指挥信息，指挥员的思维方式、知识结构、行为意图、性格特点对指挥信息均会带来影响。从保持指挥信息原生性看，这种影响是单向的，指挥信息每多流经一个指挥员，指挥信息的准确性就会降低几分。因此，从理论上应尽可能通过指挥信息的生成者将所有指挥信息直接分发给指挥对象，而不是先将指挥信息"分包"，再由"分包者"实施指挥。

从指挥职权的运用和效能发挥看，再听话的外脑也不如自己的内脑听话。为准确实现作战意图，任何一名指挥员不到万不得已不会轻易把权力委托给他人行使，而应把指挥职权紧紧地握在自己手中。非集中不统一，集中才能统一。普遍意义上讲，这是由作战指挥活动统一多人作战意志与多人作战行动的本质属性决定的。理论上，也许指挥员对于作战指挥活动本质的认识没有如此深刻，但实践中所有指挥员更加青睐集中指挥。之所以出现分散指挥，不是指挥员不想实施集中指挥，而是受制于战场客观条件尤其是指挥手段，无法集中统一行使指挥职权，是为了实现作战意图，不得已将指挥职权下放。

从指挥效率看，指挥系统构成越简单，运转越顺畅。原始战争中，最高统帅站在山顶上俯视调度整个战场，最高统帅是瞰视战场的视角窗口；现代战争中，仅靠最高统帅的双眼已无法收纳整个战场，需要在战场上开设与布置多个视角窗口，多个视角窗口景象的拼接重叠构成指挥员眼中的战场。基于系统论观点，系统构成因素越多、流程环节越多、结构越复杂，系统运行过程中就越可能出错；系统构成因素越少、流程环节越少、结构越简单，系统运行过程就越顺畅，就越不容易出错。从这个角度讲，为尽量减少战争迷雾的影响，使作战指挥完全咬合战场实际，作战指挥最理想、最有效的状态，就是指挥员一人能够直接通观整个战场，能够直接向作战单元传递作战指令，能够实施高度集中统一指挥。

简而言之，集中指挥是作战指挥活动的最初形式，也是作战指挥的本义要求与理想状态，分散指挥是无法实施集中指挥时的替代方式。从一定意义上讲，减少指挥层级、增大指挥跨度、提升指挥手段效能的目的，就是最大程度地回归集中统一指挥。（高度自主的智能指挥表面上是一种分散指挥，但主导其运行的逻辑是事先编制的算法规则，即还是事先确定了作战行动的方式方法。）

提高指挥效率的三个维度

指挥效率是单位时间内作战指挥活动的效益度量，是指挥能力生成的重要因素。指挥效率低下是制约作战指挥能力提升的关键性因素，提升指挥效率是各国军队竞相追逐的共同目标。影响指挥效率的因素有很多，如指挥人员的素质、指挥机构的编组、指挥手段的优劣、指挥方式的运用等。

当然，如果能将以上影响指挥效率的各个因素最大化赋值自然最好。但问题的关键是，以上任何一项因素都不是能够在朝夕之间轻易解决的。从矛盾论角度讲，任何事物既有主要矛盾与次要矛盾，也有矛盾的主要方面与次要方面。只有抓住影响指挥效率的主要矛盾与矛盾的主要方面，才能更好地提高指挥效率。

一、指挥手段的优劣是影响指挥效率的直接物质载体，但并非决定性因素

指挥手段是承载指挥信息流转的基本依托，是连接指挥主体与指挥客体的纽带与桥梁，指挥手段性能的高低直接决定指挥信息流转的通道带宽与速率，关系指挥主体与指挥客体之间及其内部能否快速有效通联。从一般意义上讲，革新升级指挥手段性能，提升指挥手段的信息传输与处理能力，无疑可以极大提升指挥效率。

从世界范围来看，纵观指挥手段发展的历史脉络，从金、鼓、旌旗等手工式指挥手段的目视指挥，到电话、无线电台的隔空越洋传输，再到全球栅格化指挥信息系统，随着指挥手段迭代升级，指挥信息传递与处理效率实现了一次又一次质的飞跃。指挥手段的断代档次直接决定作战指挥效能的档次，处于上位档次指挥手段的一方可以将处于下位档次指挥手段的一方彻底碾压。从世纪之交的几场局部战争来看，美军之所以能够以压倒性态势赢得军事行动的胜利，其第三代指挥手段相对对手第二代甚至第一代指挥手段的非对称优势无疑是重要因素之一。

科学技术进步永无止境，提升指挥手段性能也永无止境，指挥手段革新升级只有进行时没有完成时，极限追求指挥手段性能提升是事物发展的一般应然状态。但指挥手段的革新升级很大程度上受制于科学技术进步。当科学技术未能取得重大突破进展时，指挥手段的性能也很难实现大跨度提升，这时升级指挥手段就不再是提高指挥效率的主要矛盾。

土地革命战争、抗日战争、解放战争时期，受制于当时客观条件，我军不可能短时期内通过革新换代指挥手段提升指挥效率，指挥手段就不是影响指挥效率提升的决定性因素。新中国成立后，国防和军队建设现代化是影响我军战斗力提升的主要矛盾，与之相对应，指挥手段就成为提升指挥效率的决定性因素。

二、指挥机构处理指挥信息的速度是影响指挥效率的核心因素

沿循指挥信息的流转过程，指挥信息的基本流转链路是：上级指挥机构—信息向下流转—下级指挥机构—信息向下流转—……—下级指挥机构—信息向上流转—上级指挥机构—……，即指挥信息流转的时间主要分配于指挥机构之间的链路流转与指挥机构对信息的生成处理上。

如上所述，现有指挥手段信息流转速度已不是影响指挥效率的主要因素。

可见，提升指挥效率最为关键的就是尽量减少指挥信息在指挥机构的停滞时间，即指挥机构对信息的处理与生成速度是影响指挥效率的核心因素。影响指挥机构信息加工处理的因素也有很多，抛开受制于科技水平的指挥信息系统，指挥人员指挥能力、指挥机构编成编组、指挥作业方式等都会直接影响指挥信息的处理速度，影响指挥信息在指挥机构的停留时间。如果不考虑指挥决策质量，从某种意义上讲，提高指挥人员素养、优化指挥机构编成编组、创新指挥作业方式，就是为了提高指

挥机构的信息生成与处理能力，就是为了减少指挥信息在指挥机构内部的流转与停滞时间，就是为了提高指挥效率。

三、缩减指挥层次是提高指挥效率最为有效的方式

前文阐述了两层意思：一是在当前信息传输速率的量级下，指挥信息在指挥机构之间流转的时间已不是影响指挥效率的决定性因素；二是指挥机构对信息的生成与处理速度是影响指挥效率的核心与关键因素。

由此可以推论出提高指挥效率有两种方式：

第一种，通过提高指挥人员素质、优化指挥机构编组、创新指挥作业方法等"药物"，逐级提升指挥效率，这是"慢性保守治疗"。

第二种，既然指挥信息在指挥机构内的滞留时间是影响指挥效率的主要矛盾，那么"治疗方案"可以大胆一点，直接将影响指挥效率的"肿瘤割除"，缩减指挥层次，减少指挥信息的截流次数，这是"手术治疗"。

相比第一种方式，第二种方式带来的效果显然更加直接、更加有效。这也是为什么很多军事理论研究者与部队指挥员一再呼吁要缩减指挥层次的原因所在。

但需要说明的是，指挥层次绝非越少越好，确定指挥层次需要综合考虑指挥手段、指挥机构、指挥跨度、指挥体制等因素的影响。一般来讲，指挥手段的触角越长，指挥机构的控制力越强，指挥跨度越大，指挥层次就可以越少。如果指挥手段的触角难以伸及作战行动的外延，指挥机构难以控制所属作战

力量，就说明指挥跨度有点大了，就需要适当地增加指挥层次，以保持指挥体系与指挥活动的稳定性。

此外，指挥层次的多少通常与指挥体系相一致，而为便于指挥，一支军队的指挥体系又必须充分考虑军队的编制体制。换句话讲，确定指挥层次应以指挥体系为依托。

关于通过缩减指挥层次提高指挥效益的作用，隆美尔在回忆马斯河上的突破时，曾有过这样一段感悟："一个师长若想充分了解瞬息万变的战况，必须亲临现场，带着通信工具奔驰于各个前线阵地之间，并对前线上的各团长直接下令。这样才能充分掌握战况，才能随时应付突来的变局。若由下级用无线电把情况报告到师部，再由师部发出命令来，那就未免缓不应急了。"[1]

从历史上看，回顾我军的整个发展历程，适应革命任务与力量消长的变化，为提高指挥效率，通过增减指挥层次与改革力量结构，对指挥体系进行多次调整。从一定意义上讲，也是为了缩减指挥层次，提高指挥效率。

提高指挥效率是一个多元复合函数，需要综合施策。指挥手段、指挥机构、指挥层次是提高指挥效率的三个维度。平时，指挥手段性能提升、指挥机构能力（内含指挥人员素质、指挥机构编组、指挥作业方式等）提高，会推动指挥效率逐渐量变，但当这种量变积累到一定程度，就可以大刀阔斧地缩减指挥层次，即推动指挥效率发生质变了。换句话讲，缩减指挥层次虽

1　［英］李德·哈特：《隆美尔战时文件》，钮先钟译，北京：民主与建设出版社，2015 年，第 13 页。

然是主观作为，但不是主观臆断行为，而是建立在指挥手段、指挥能力与指挥体系等条件基础上的客观要求。

指挥机构究竟如何编成编组

对于大多数人来讲，我们能直接看到的是，指挥机构指挥作战力量，作战力量完成作战任务；很少有人会发现与注意到，还存在一条上述现象的反向逻辑，作战任务决定作战编成编组，作战编成编组决定指挥编成编组。即指挥机构究竟应该如何编成编组，需要根据作战编成编组确定，作战编成编组需要根据作战任务确定。不同的作战任务，需要不同的作战编成编组，不同的作战编成编组需要不同的指挥机构编成编组。

同时，作战编成编组的基本载体是军队力量规模和编制结构。武器装备的革新发展，军队的调整改革都是影响军队力量规模和编制结构的动态因素。也就是讲，作战编成编组具有鲜明的时代烙印。我们不可能用过去的指挥机构编成编组去指挥控制现在与未来的作战力量。

指挥机构编成编组不是一个理论问题，而是一个实践问题。如果对"指挥服务于作战，有什么样的作战任务，就需要什么样的指挥机构""指挥机构编成编组要与作战力量编成编组相匹配""指挥机构编成编组不是越潮越好，关键是满足作战需要"等基本理论理解通透了，指挥员在处理指挥机构编成编组实践上自然就会游刃有余。

从情况判断、作战决策、组织计划、行动控制等指挥活动的角度讲，自然需要编设具有侦察情报、指挥决策、作战计划、作战控制等功能的基本指挥要素；从控制作战力量角度讲，既然有陆上作战力量、海上作战力量、空中作战力量、常规导弹作战力量、信息作战力量参战，自然需要编设联合指挥中心（可能是其他名称）以及对应指挥各军种的部门、要素或席位。

从指挥机构承担的职能任务看，既然军委、战区等战略指挥机构承担国防动员任务，自然需要编设国防动员要素，而集团军、旅等层次的指挥机构没有国防动员任务，就无须编设国防动员要素。

从支撑作战指挥机构正常运转的角度讲，联合作战指挥机构指挥任务繁重、难度大、要求高、节奏快，自然需要强大的后台支撑与外围保障，随着指挥层次的降低，后台支撑与外围保障需求也会逐级降低，相应编设力量也会减少。

从战争规模与作战强度的角度讲，大国之间的高端战争，指挥机构编成编组自然要瞄准最高层次的战争形态与作战样式，而边境对峙与小规模武装冲突，指挥机构编成编组可能要精小得多。

从作战准备的程度讲，时间充裕时指挥机构编成编组可以反复细化论证，时间紧急时指挥员带着通信兵就是指挥所。

战术聪明不等于战略智慧

如何区分战术聪明与战略智慧？战术聪明是否一定不能用于国家战略、军事战略？如何处理战术聪明与战略智慧的关系？

简单地讲，耳能听为聪，眼能见为明。相对战略智慧，低层次的战术聪明视线短浅、目光狭窄，解决的是眼前和局部利益。低层次的战术聪明通常是基于时间和空间的优势，通过先见、先听、先动，赢得主动和优势。高层次的战术聪明代表对局部战场的精妙设计与控制能力。战略智慧的视野宽宏、格局长远，不以感官看物，而以心脑认知情况、研判局势、掌握规律、预测发展，通过先知、真知、远知，谋势、布势、用势，赢得主动和优势。低层次的战术聪明与战略智慧没有可比性。高层次的战术聪明与战略智慧均是对智力的运用，均包含谋划之义。但战术聪明谋在局部、谋在当前，战略智慧谋在全部、谋在长远。有时战术聪明与战略智慧是一致的，有时战术聪明与战略智慧是冲突的。战术服从服务战略的要求决定，战术聪明必须服从与服务于战略智慧，与战略智慧一脉相承的战术聪明，可以有效促进战略目标的实现，与战略智慧相左的战术聪明，很可能会导致战略错误，招致战略灾祸。战术聪明能否适用于战略指挥，要放在战略的角度来衡量。战术聪明产生的预期效益如果与战略目标相符合，就可以用于战略指挥，反之就不能。

指挥的层次性决定思维方式与指挥谋略的层次性。不同的层次，需要不同的思维和谋略与之相映衬。这就好比厚重的平台需要粗大的柱体来支撑，才能保持平衡，即使需要小的柱体来代替也必须根据平台的结构，科学布局受力点；如果不加考虑，直接用小的柱体支撑平台，看似多了一份力，实则很有可能造成平台受力不均而坍塌。

因此，战术指挥员并非走上战略指挥岗位就自然而然地成了战略指挥员，也不会自然而然地拥有战略智慧，具备战略指挥能力。一句话，战略指挥需要战略眼光、战略思维、战略力量与战略手段的合力支撑。

战略红线与指挥意志

在不突破战略红线的情况下，纵使世界风云变幻，也要朝着战略目标坚定前行。战略红线没破，外界一切敌对的言论、行动恰恰都是干扰其指挥意志的因素。干扰力越强，越需要增强指挥意志、保持指挥定力。当整个态势或某项关键因素触碰战略红线时，指挥意志就要适当软化，对此，指挥员必须保持清醒认知。

一、指挥意志是一种无形而又奇妙的力量

指挥意志是指挥员对达成作战目标与遂行作战行动的坚定程度与心理倾向。指挥意志存在于指挥员的内心，不像作战目标、作战任务、作战力量、作战编组、作战行动那样可以清晰具体地写在作战方案中，它看不见摸不着，但又客观存在、实实在在地影响作战行动的筹划实施与作战目标的顺利达成。与作战目标、作战力量、作战行动相比，指挥意志最具隐蔽性与不可知性。侦察监视技术发展至今日，只要条件允许，通过精细筹划与分析研判，作战对手的作战目标、作战力量编成与部署、任务分配、战役战法、作战计划等一切有形要素理论上都可以获取得知，但唯有指挥意志这一无形要素最难琢磨。

指挥意志"难以琢磨"的特性主要有三个：它存在于人脑之中，具有隐蔽性；它是一种精神因素，不像其他物质因素那样可视、可量化；它受外界诸多因素的影响，可大可小、可强可弱，具有很强的不确定性。

指挥意志的这三个特性综合作用于作战指挥与作战行动，使作战能力这一静态常量变成动态变量。指挥意志一旦动摇，作战体系各个要素之间就好像没有了黏合剂与支撑点，整个作战体系就会发生多米诺骨牌效应，作战能力就会瞬间大幅度"失血"；指挥意志如果坚如磐石，或者超出作战对手的想象，整个作战体系就像被注入一针强心剂，即使作战实力不如对手，作战实体被打得头破血流，也丝毫没有痛感，坚定地向着预定目标进行生死冲锋。这种坚定无畏的前行意志，不仅可以正向激发己方的作战潜能，还可以反向抵消作战对手的战斗意志，消解作战对手的作战能力。

如果说战争的奥妙多体现于作战指挥之中，除了指挥谋略，那么作战指挥的奥妙又主要体现于指挥意志之中；如果说影响战争的不确定性因素有很多，除了指挥谋略，那么指挥意志便是其中的主要因素之一。从一定意义上讲，正是由于指挥意志的奇妙，战争的质地与成色才会显得如此多姿多彩；正是由于指挥意志的弹性变幻，作战进程与战争结局才会显得如此扑朔迷离。

二、指挥意志的坚定性决定作战目标的坚定性

作战目标决定指挥目标，指挥目标与作战目标具有内在统

一性。一切作战指挥活动都是为了实现作战目标，作战目标的实现过程一定程度上就是指挥主体在指挥意志的支撑下朝着指挥目标笃定前行的过程。作战力量及其上演的作战行动只是达成作战目标的手段与具体表现，指挥主体及其导演的指挥活动才是设计与达成作战目标的"后台"与真正动力。

概而言之，指挥主体导控作战力量，指挥活动导控作战行动，指挥目标牵引作战目标。细而研之，指挥活动、作战行动、作战目标的基本逻辑关系是，指挥主体的状态决定指挥活动的效能，指挥活动的效能决定作战行动的效能，作战行动的效能决定作战目标的达成。

但与工厂机器加工零部件不同，指挥效能不像工厂机器那样，按下开机按钮生产效能基本一成不变。指挥效能不仅取决于指挥主体的客观结构，也取决于指挥主体的主观状态。无论指挥主体初始导演的指挥活动多么有序高效，一旦指挥主体的意志不再坚定，指挥主体这一机器就像连接杆断了轴进而出现结构性紊乱，或者像发动机没了油进而瞬间动力不足，指挥主体生产的产品——指挥活动，就会出现质量问题，生产效率就会断崖式下降甚至马上停产。

从影响作战目标实现的作用方式讲，指挥意志作为一种非刚性的主观因素，相比其他非主观因素，对战场态势、战场伤亡、国内压力、国际舆论等因素变化反应更为灵敏。

从影响作战目标实现的作用范围讲，指挥意志这一无形因素虽然不像某一指挥要素那样具有明确的职责、具体的任务，但它贯彻渗透于指挥活动与作战行动的全进程，作用于指挥活动与作战行动的方方面面。

从影响作战目标实现的作用程度讲，指挥意志说到底是指挥员尤其是战略指挥员的意志，相比其他因素，指挥意志的坚定性对战争是否发起、什么时候发起、打到什么程度、什么时候结束影响更具决定性。

一言以蔽之，指挥意志对指挥活动、作战行动及作战目标实现的影响具有全局性、速发性、支撑性。

即使指挥主体和作战力量受损，只要指挥意志不动摇、不懈怠，也能推动战争机器向着预定作战目标前行；指挥意志一旦削弱、动摇，指挥活动就会出现整体性滑坡与结构性混乱，作战行动就会偏离预定轨道，相距作战目标越来越远。指挥意志多坚定一分，作战目标的实现就可能近一分、三分甚至十分；指挥意志稍弱化一分，作战目标达成的可能性就可能弱化三分、十分甚至化为零。

三、强大的指挥意志需要强大的战略手段支撑

客观决定主观，主观对客观具有能动反作用，这是唯物辩证法的基本逻辑，是不以人的主观意志为转移的客观规律。说到底，指挥意志也是一种主观状态，它不是空穴来风，也不是凭空捏造，而是建立在作战实力尤其是战略手段这一客观物质基础之上，是对作战实力尤其是战略手段认识的主观反映。作战实力与战略手段的大小决定指挥意志的强弱。没有强大的作战实力与战略手段为支撑和后盾，就不可能产生强大的指挥意志。退一步讲，如果缺乏对作战实力的正确认识与评估，无论

指挥员的内心如何强大，渴望胜利如何强烈，最终只能算是战争的疯子与赌徒，只会给自己的国家与人民、给世界与世界人民带来无尽灾难。

毫无疑问，从掌握战略主动与最优实现作战目标角度讲，作战实力越强越好，战略手段备份越多越好。但抛离其他因素，仅从战略威慑费效比来看，支撑作战意志的战略手段不需要太多，一种实在管用的战略保底手段就够（如核武器）。

四、指挥意志不能突破战略红线的界限

从一定程度上讲，指挥意志的强弱与作战目标的实现程度成正比。但指挥意志不是无边界的越强越好，也有一定的边界范围不能突破。这个边界范围就是战略红线。

任何一个理性的战略指挥员在战争发起前，对两点必须十分清楚：一是战略目标，二是战略红线。

底线思维是对普遍联系规律与矛盾转化规律的科学认识，是着眼最坏情况准备、争取最好结果的先算深算，是有所为有所不为的主观自觉。当国内政权局势、经济运行状况、国内社会压力、能源粮食供给、军事动员能力、国际外交舆论等支撑政体、国体与战争机器运行的战略因素，超出政党、国家、民众能够承受的范围时，作为战略指挥员，无论其个人意志多么坚定，主观上多么不情愿，也必须充分认清与尊重现实，必须改变指挥意志，自觉调整战略目标。

指挥意志就像一面旗帜，在充满未知与战争迷雾的作战进程中，唯有指挥意志鲜明而立，指挥活动与作战行动才会不脱轨、

不迷茫、不失向，整个力量流、行动流才能坚定不移地朝着预定作战方向滚滚汇聚；指挥意志就像一份薪火，在苍海航行的过程中，任凭风浪雨水的淋打，只要指挥意志生生不灭，作战意志之火就会熊熊烈燃。但指挥意志绝不是脱离客观实际的主观存在，需要以作战能力尤其是战略手段为基础，需要以战略红线为法界。

指挥制胜的万古之法

虽然世界上没有完全一样的战争，也没有一成不变的作战指挥，但作战指挥的变化中也有不变。认识作战指挥的变是一方面，把握作战指挥的不变是另一方面。作战指挥变的表现多种多样，作战指挥不变的逻辑存于自然。

作为一名军事理论研究者，不能只看到作战指挥变的表象，更要挖寻作战指挥变中不变之宗义；作为一名优秀的部队指挥员，就是要善于理解与抓住这些不变，以不变之宗义演绎变幻无穷和让敌琢磨不透的用兵布阵之妙。从辩证法角度讲，作战指挥的不变就是变；从矛盾运动的底层逻辑讲，作战指挥的不变就是作战指挥活动应该遵循的一般作战指挥规律；从方法论角度看，"奇正相合、以奇制胜"是古往今来能征善战指挥员的共同制胜之策，是世界范围指挥谋略异彩纷呈的同色之辉。

两千多年前，"兵学圣典"《孙子兵法·兵势篇》云："凡战者，以正合，以奇胜。故善用奇者，无穷如天地，不竭如江海。"[1]

1　骈宇骞等译注：《武经七书》，北京：中华书局，2020年，第34页。

指挥之道

大道至简，兵圣无双！孙武用一个"凡"字，道出奇正之法于作战指挥活动的普遍性，用"以正合，以奇胜"六个简洁得不能再简洁的词文，将"奇"与"正"之间的辩证统一关系阐释得清清楚楚、明明白白；用"无穷如天地，不竭如江海"，将"用奇"的奥妙描绘为与日月同经、与天地同纬的万物之气，以及无穷无尽、奔腾不息的山河江海。关于作战指挥中"奇"与"正"的辩证关系和地位作用，相信没有什么描述较之更为精练、更有意蕴、更加深刻了。

一、奇寄生于正，无正则无奇

"正"为用兵的常法，"奇"为用兵的变法。具体来看，"正"是就堂堂正正地对抗敌人，"奇"就是不要迎着敌人的优势对抗，而是在敌人意想不到的时间、意想不到的地点，以敌人意想不到的方式，攻其意想不到之处，就是出其不意、攻其不备，就是避强击弱、避实击虚，达到通过削弱对手的优势，掌握战场的主动。

但何为常，何为变？何为正，何为奇？简单地讲，被对手所知为常，对手不所知为变，对手有所备为常，对手无所备为变。常与变、正与奇是一组对立统一概念。从一般意义讲，变是相对常来讲的，奇也是相对正来讲的，没有常就无所谓变，没有正就无所谓奇；从具体实践看，如果正面没有动作，如果对敌方的行动没有做出"堂堂之正"的迎合，没有达到从攻防正面、用常规之法欺骗迷惑敌人之目标，就很难分散转移敌人的作战准备重心，侧后伏击、拦腰截击、敌后斩首等非常用兵的招法打法就容易被对手感知发现。如此一来，奇兵就不再是奇兵，奇招就不再是奇招。换句话讲，出奇制胜的效果不是单单通过"奇"就能达到，很大程度上是因为"正"配合得好、发挥得作用好。如果没有"正"与之相得益彰，"奇"就是一句空话。

翻开中国革命战争史，无论是土地革命战争时期的反"围剿"，还是解放战争初期打破国民党军对西北解放区的重点进攻，面对几倍甚至几十倍兵力的围追堵截，共产党领导的军队之所以能够数次化险为夷，之所以能够连战连捷，一定程度上，就是因为有效采取了"正面牵制，侧翼攻击"的战役战术，就是因为有效践行了"奇正相合，以奇制胜"的指挥之法。

世界战争史上，悉数大小不同的作战行动，小到战斗班排规模，大到战役军团规模，在作战指挥的长廊中能够称得上精彩的华章，本质上也都是"以正合，以奇胜"的具体演绎。

需要说明的是，"奇"与"正"不是绝对的，当对手识破并对我之"奇"有备时，可以调整用兵，将作战重心调整到原来的"正"，此时"正"便为"奇"。

"正"并非一定指正向，"奇"并非一定指翼侧，敌的强处、实处、有备之处为"正"，弱处、虚处、无备之处为"奇"。"奇"不是孤立存在的，"奇"需要"正"。无"正"便无"奇"，"奇正相合"，方能"出奇制胜"。

二、以我之奇制敌之奇

既然"奇正相合，以奇制胜"为不变指挥之法，就不难理解出奇制胜是作战双方指挥员共同追求的目标。作为谋战胜战的指挥员，作战准备阶段的主要职责就是通过全面准确的侦察情报，准确研判敌方的作战企图与可能采取的作战行动，据此制订出敌不意、克敌制胜的作战方案与作战计划；作战实施阶段的主要职责就是针对敌方客观实际的作战行动，依据动态变化的战场态势，根据敌方作战体系与作战行动暴露出的弱点与软肋，动态调整或重新制定新的破敌制敌之策。

但作战指挥不是一厢情愿的单方静态设计，而是作战双方相反相成的动态对抗过程。即不仅己方指挥员追求以奇制胜，作战对手也在追求以奇制胜。战争胜负的天平如何倾斜，取决于作战双方到底谁能"奇"高一筹。

当然，要想比对手的招法和打法更加高明，并不是一件简单的事，需要做到三点：一是事先研判知晓对手的作战企图和正兵、奇兵；二是找到对手排兵布阵的强弱点；三是根据作战对手的弱点，制定相应对策，即我方用兵之法。我之奇兵不是脱离作战对手的当然用兵，而是建立在知敌破敌的基础之上。

以我之奇制敌之奇有两种方式：一是以奇抗奇，即通过出敌不意地设障添堵，迫使对手奇兵行动计划中止或流产，并同步实施我方作战计划；二是以奇破奇，即迎合对手奇兵行动，将计就计，诱使对手进入我方作战设计。从根本上讲，两种方式的逻辑起点都是准确掌握作战对手的奇在何处、强在何处、弱在何处，最终落脚点都是推动作战进程按照我方作战计划实施，掌握战争主动。不走进对方指挥员的思维逻辑，不了解作战对手的真实作战部署和强点弱点，抗奇、破奇就缺乏支点与基础，就是无的放矢；没有推动作战进程按照我方计划发展，没有掌握作战的主动，抗奇、破奇就是一句空话。

当然，理论上的清醒认知不等于现实中的实践效果。谁也无法保证作战筹划时能够滴水不漏、面面俱到，谁也无法保证作战进程一定能够完全按照己方设计顺利实施，一旦陷入作战被动，原来设想再好的奇兵计划也有可能化为泡影。此时，要善于用新的"奇兵"、亮新的"奇招"。

比如，作战实施阶段，一旦战局出现明显不利于我方且难以挽回的态势，可主动在某一新的作战空间，围绕新的作战目标，发起一场新的作战行动，以分散敌方的作战精力，动摇敌方的作战决心，打乱敌方的作战部署，干扰敌方的作战节奏，进而掌握新的战场主动。即通过用奇招，重新"带节奏"，推动作战双方"打我的"。

反之，当我方原定作战计划正在顺利实施，掌握了战场主动，敌方在新的作战空间突然发起新的作战行动——亮出奇招，我方指挥员需要冷静研判与理性应对。若对手的奇兵行动不影响作战大局，我方指挥员应坚定原定作战计划，不要被对手的奇招"牵着鼻子走"，要坚持"打我的"。

三、奇可破原则，但不破规律

也许由于战史记载中，奇多体现为不按套路出牌，也许影视剧中诸如"从来没有见过这么打的"等台词的穿透感太强，也许由于奇的作战功效远远超出一般作战行动的预期，在很多人的思维观念中，认为奇必定是非常规之为，是一般作战原则与指挥原则范围之外的行为。

指挥之道

这种认识具有太强的感性色彩，具有一定的片面性。

理性地看，奇是相对对手的感应认知来讲的，表明某种指挥活动及其主导的作战行动让敌难以捉摸、难以先知。这种难以捉摸、难以先知，既有可能是超出作战对手认知范围的深谋大智，也有可能是做好隐蔽伪装条件下的常规之法，还有可能是打破常规的非常之举。

"奇"有多种多样，比如，战神韩信背水一战，晋王李存勖穿孝智取三垂冈，"军中孙武"刘伯承奇兵叠伏七亘村，陈赓神头岭巧设奇兵。逆作战原则、打破循规禁锢为奇，逆历史经验、摆脱思维羁绊为奇，逆不利战场、独辟险胜蹊径为奇，逆大众认知、力荐真义笃行也为奇。

换句话讲，奇有可能在作战原则与指挥原则范围之内，也有可能突破作战原则与指挥原则限制，即是否突破原则不是划界评判奇正的唯一标准。

不能错误地认为，要想用奇兵、出奇效，就一定要费尽心机打破作战原则和指挥原则的限制，似乎不用一些出格的方法，就不算是奇兵；或者将没有事先筹划预想的敌方行为及其导致的作战损耗与作战被动，简单地归结为敌方指挥员的不按套路。

但同时需要说明的是，奇不是离奇、怪异、荒诞，不是不切实际，更不是违背规律。恰恰相反，无论用奇者是否主观上具有充分认识，奇兵之所以发挥如此奇效，正是由于其作战指挥活动更加符合作战指挥规律，作战行动更加符合作战规律。违背作战指挥规律与作战规律的用兵布阵，非但不会起到奇兵神兵之效，而且必然会成为战争史与作战指挥史上的笑柄。

　　此外，鉴于矛盾的普遍性与特殊性，奇有可能破作战与作战指挥特殊原则，但不破作战与作战指挥一般原则；也有可能既破作战与作战指挥特殊原则，又破作战与作战指挥一般原则；但奇不可能违背作战与作战指挥的一般规律，也不可能违背相应作战样式下的作战与作战指挥的特殊规律（比如，登陆作战样式条件下，不能违背作战与作战指挥一般规律，也不能违背登陆作战样式的作战与作战指挥特殊规律，但可能与其他作战样式下的作战与作战指挥特殊规律不一致）。

　　超敌所知为奇，迎敌所动为正。正生奇，奇倚正。正为轻，奇为重。奇为实，正为虚。奇因势可为正，正因势可为奇。奇正相生、相存、相补、相转、相合，为胜。奇非一方之计，而为双方对抗之果。先知深谋制敌之奇，成己之奇。纵奇千变万化，均为形术印证不变之道。

「第六章」
作战指挥发展论

马克思主义关于事物是运动发展的基本原理告诉我们，审视任何事物都要有三种视角，即回望过去、定位现在、前瞻未来。同样，我们应该以发展的眼光剖析作战指挥、认识作战指挥。推动作战指挥向前发展的背后动因是什么？从冷兵器战争到热兵器战争，从机械化战争到信息化战争，从信息化战争到智能化战争，作战指挥是怎么发展的？理解和参透了作战指挥发展的本质，就理解和把握了作战指挥的内在机理与理论逻辑，就能从指挥的角度把握战争的制胜密码。

以前的战争就这么"清澈"吗？为何近几年混合战争的概念这么热？怎么审视混合战争理论？我们现在的战争到底是什么样的战争？现在的作战指挥又是什么样的作战指挥？理论的立足点在于逻辑自洽，理论的生命力在于指导实践！为了便于准确认知现在的战争与现代的作战指挥，需要而且可以推出一种既能区别过去，又能符合大众认知，还能合理解释现实的概念。未来是现在的归宿，现在是未来的起点。爬上科学技术发展的桅杆瞭望未来，未来的作战指挥又是什么样的作战指挥？这是当今军事理论界高度关注、追趋热论的焦点。站在思想的高地，借助科技的曙光，从作战指挥主体、作战指挥体系、作战指挥对象、作战指挥关系、作战指挥信息、作战指挥手段、作战指挥网络、作战指挥空间、作战指挥方式……进行全视角投影，会看到一幅完全不一样的作战指挥全景图像！

谁在推动作战指挥发展

马克思主义唯物辩证法表明，任何事物都不会无缘无故地发展，都是内外矛盾运动的结果。作战指挥也不例外，也是由诸多因素共同作用的结果。仔细梳理人类战争史与作战指挥发展史，可以看出，作战指挥发展的背后动因主要有三个：科学技术进步的驱动、战争形态演进的推动、指挥理论创新的牵引。

一、科学技术进步的驱动

从一般意义上讲，有什么样的科学技术，就有什么样的作战指挥。

随着历史的车轮不断滚进，人们越发坚信科学技术是推动社会进步的有力杠杆，科学技术进步对社会发展起着全局性、深远性、根本性作用。在社会生产实践活动中，科学技术是第一生产力；在军事活动中，科学技术是第一战斗力。科学技术几乎渗入人类活动的所有领域，并且对各个领域的作用力具有不断加大之势。作为对战争胜负具有决定性影响的作战指挥，无疑更是科学技术的"集结地"。科学技术每取得一次重大进步，从来没有忘记"眷顾"作战指挥；科学技术进步就像"空气"一样，主动地逐渐渗透到指挥主体、指挥对象、指挥手段、指挥信息等作战指挥要素的方方面面；而作战指挥更是需要"科学技术进步"的滋养，科学技术进步当之无愧是推动作战指挥变革的根本动力。

科学技术进步是作战指挥变革的根本动力，是事物运动发展一般规律在军事领域的特殊表现。从本质上讲，科学技术是人们用来认识世界、改造世界的工具。从整个人类社会层面讲，这种工具的作用既体现在推动生产工具的进步革新、提高社会生产力，也体现在推动人的思想认识发生变化、改变人的意识形态。生产活动与思维活动的双重演进及相互之间的互动作用共同推动社会形态不断演进。

比如，对应古代科学技术、近代科学技术、现代科学技术三种科学技术形态，人类社会基本对应农业时代、工业时代、信息时代三个历史时期。在近代科学技术出现之前，人类社会只能停留在农业时代，不可能想当然地步入工业时代，这是历史的必然，是事物运动发展的客观规律。这条客观规律在军事领域主要表现为：有什么样的科学技术，就有什么样的战争形态；有什么样的战争形态，就有什么样的作战指挥形态。

这是因为科学技术进步的水平，决定军事科技水平与社会生产力的水平，进而决定武器装备体系的形态，而武器装备体系又是战争得以运行的物质基础，最终决定战争形态。作战指挥与战争相伴而生，从来没有脱离战争的作战指挥。作战指挥的根本目的是取得战争的胜利，而要想取得战争的胜利，就必须与战争形态相适应，使作战指导最大程度地符合战争规律与战争指导规律。

因此，科学技术进步的形态决定作战指挥变革的形态，是科学技术进步对社会进步与战争形态演进的决定性作用在作战指挥领域内的特殊表现，是生产力决定生产关系、经济基础决定上层建筑的规律使然，是一条不以人的主观意志为转移的客观规律。

这就是为什么虽然早在几千年前，古人就曾幻想在作战指挥中使用"千里眼""顺风耳"，但由于科学技术水平的限制，也仅仅成为一种幻想。但在 2003 年伊拉克战争中，通过全球指挥控制系统，美国总统、国防部长就可以在白宫喝着咖啡从多个角度任意"切换"伊拉克战场，可以向横跨大洋、远隔万里的美国单兵直接对话与下达命令，实现了古代作战指挥者的"千年之梦"。

科学技术进步是推动作战指挥发展的根本动力具有普遍性，但作战指挥发展不一定必然由科学技术进步推动，科学技术进步也不一定必然推动作战指挥发展。换句话说，科学技术进步推动作战指挥发展具有相对性。

二、战争形态演进的推动

有什么样的战争，就需要什么样的作战指挥。作战指挥为什么会发展和变革？打个比喻，作战指挥就像人一样也有惰性。其实很多时候，它不是主动地变，而是战争实践的发展逼着作战指挥必须变。当战争形态或作战样式发生根本性变化，原有作战指挥不能满足战争对作战指挥的需要时，作战指挥就不得不发展、不得不变革。

指挥之道

从一定意义上讲，一部战争形态演进史也是一部作战指挥发展史。

冷兵器战争时期，随着战争规模不断扩大，作战指挥主体由统帅兼职指挥逐渐过渡到专职指挥、幕僚辅助指挥，指挥对象以步兵、车兵、骑兵等陆战力量为主，指挥手段以金、鼓、旌旗等手工指挥为主。

热兵器战争时期，由于火器的杀伤半径比冷兵器明显扩大，以及炮兵等新兵种的出现，对作战指挥要求更高。司令机关孕育形成，电报、电话等有线指挥手段出现。

机械化战争时期，坦克、飞机、舰艇大量用于战争实践，多军兵种协同作战成为常态。作战空间呈现三维立体，作战进程加快，为适应战争需求，指挥机构内部设置与分工更加精细完善，指挥手段实现机械化。

信息化战争时期，作战空间多维立体、时间要素不断升值、作战进程明显加快，多军兵种联合作战成为主要作战样式，对作战指挥的精确性、快速性、联合性提出更高要求，联合作战指挥机构、指挥信息系统应运而生。

进入具有智能化特征的战争时期，无人机、无人车、无人艇涌现战场，无人有人协同作战成为一种主要作战方式，对作战协同的精准性要求更高，指挥方式和指挥手段向智能自主方向快速发展。

自从有了战争，就有了作战指挥。有什么样的战争，就需要什么样的作战指挥。作战指挥的价值在于指挥作战，战争是作战指挥赖以存在的前提条件与基本依托，适应战争形态是对作战指挥的基本要求。作战指挥变革与战争形态演变的关系，犹如达尔文"生物进化论"在军事领域的翻版。如果作战指挥无法适应作战需求，作战指挥就不得不发生变革，否则这种作战指挥就没有"生存"空间。当然，这是理论上战争形态与作战指挥应有的必然性和普遍性。但在实践中，现实能否与理论相匹配，则又受很多其他因素的影响。

比如，即使战争形态已经演变，但是否一定能够意识到战争形态的演变？即使意识到战争形态已经演变，是否意识到作战指挥需要变革、需要发展？即使意识到作战指挥需要变革、需要发展，但受各种体制性障碍、结构性矛盾、利益性羁绊的制约，是否一定能够推动作战指挥变革与发展？

简单地理解，战争形态演进推动作战指挥发展具有一般普遍性，但战争形态演进推动作战指挥发展同样具有相对性与特殊性。

三、指挥理论创新的牵引

有什么样的指挥理论，就往往上演什么样的作战指挥。作战指挥是指挥主体对指挥对象的组织领导活动，而"操控"指挥主体如何实施指挥的"幕后之手"又是指挥理论。指挥理论的创新，必然会对作战指挥具有引领作用。

"战略空军之父"杜黑在《制空权》中，以敏锐的眼光前瞻了飞机在战争中可能发挥的重大作用，在当时极大地牵引了空军的建设，引发了作战样式的革命与作战指挥的变革。

富勒在《机械化战争论》中，强调了坦克在陆战中的快速与强大突击力，后来被德军广泛应用于闪击波兰、法国和苏联的作战，一时显现出令人咋舌的作战指挥效能。

20世纪末美军提出的空地一体战、震慑战，2010年美国战略与预算评估中心提出的"空海一体战"，以及近年来美军先后发布的《快速决定性作战》《联合空间作战纲要》《联合作战顶层概念：联合部队2020》《多域战：面向21世纪的合成兵种进化（2025—2040）》与联合全域作战（JADO）等作战理念或法规文件，在很大程度上牵引着美军建设、作战行动和作战指挥的发展方向。

理论是行动的牵引，理论的张力是无可估量的。

一旦作战指挥理论出现创新，就会全面、系统、深刻地改变人们对作战指挥本身内涵及作战指挥活动的认识，进而无形中改变人们在作战指挥活动中的行为。当某国某一兵种、军种指挥理论出现重大创新并展现出极大"优势"时，可能促使该国军队的整体作战指挥理论发生变革。

另外，与指挥手段、武器装备这种有形的物质载体不同，指挥理论这种无形产品可以快速突破国域疆界限制，向世界范围内大范围传播，影响整个战争形态的作战指挥理论创新。

当然，由于新的指挥理论的"先进性"不像新的指挥手段那样直观可测，也许具有重大价值的指挥理论创新会在人们的忽视中悄无声息地沉寂十几年甚至几十年。

比如，众所周知的闪击战理论是德国三大名帅之一的古德里安的成名立世之就，但很多人可能并不知道他不是推崇坦克集群作战的第一人。在闪击战理论发展成熟之前，早已有人窥探出坦克在战场上的巨大作战功效并积极倡导了，只是由于身低位卑与各种阻力限制，或者说因为历史的车轮还没有转到其应有的驿站而沉寂夭折了。对此，古德里安在其回忆录中说过："1934 年，我们从总参谋长那里拿到一本书，名叫《装甲战车战争》，作者是奥地利的里特尔·冯·艾曼斯贝格尔将军"[1]，"鲁茨将军被任命为新成立的装甲兵司令部的司令。我们本想组建一个与其他兵种一样的军司令部，但陆军总参谋长贝克将军极力反对，因此只得作罢"[2]。因此，指挥理论创新牵引作战指挥发展虽然具有普遍性，但也具有相对性、不确定性与特殊性。

溯源可知流向，源活方能蓄流！通过回望作战指挥发展历史进程，探寻作战指挥发展动因；站在作战指挥发展动因的潮头，前瞻作战指挥发展趋势；扭住作战指挥发展动因，推动作战指挥正向发展。

增维发展与降维打击

纵观战争形态的发展演变史，从冷兵器战争到热兵器战争，从机械化战争到信息化战争及正在到来的智能化战争，战争的梯阶越来越高；纵观作战指挥的变革史，从手工指挥到机械化指挥，从机械化指挥到信息化指挥及未来的智能化指挥，作战指挥的梯阶也越来越高。

1　〔德〕海因茨·威廉·古德里安：《闪击英雄——古德里安将军战争回忆录》，戴耀先译，北京：民主与建设出版社，2015 年，第 25 页。

2　〔德〕海因茨·威廉·古德里安：《闪击英雄——古德里安将军战争回忆录》，戴耀先译，北京：民主与建设出版社，2015 年，第 29 页。

指挥之道

从外在形态来看，似乎热兵器战争取代了冷兵器战争，机械化战争取代了热兵器战争，信息化战争取代了机械化战争，正在到来的智能化战争也会取代信息化战争；似乎机械化指挥取代了手工指挥，信息化指挥取代了机械化指挥，智能化指挥也将会取代信息化指挥。

但细思深挖不同战争形态与作战指挥的内在关系，可以发现，战争形态演变与作战指挥变革的过程，并非一种新的战争形态与作战指挥对一种旧的战争形态与作战指挥的完全替代，并非表明原来的战争形态与作战指挥已不复存在；新的战争形态与作战指挥的本质，是在旧的战争形态与作战指挥的基础上新增与突显一个新的维度，并且这个维度已成为决定战争胜负与作战指挥成效的主要方面，成为人们划分战争与作战指挥发展阶段的标志性特征。

一、战争形态的演变与作战指挥的发展是一个单向增维过程

冷兵器战争时期，战争呈现为人持刀枪盾矛的肉搏厮杀，冷兵器是战场的主角，步兵、骑兵是主要作战兵种；旌旗、金、鼓等手工式指挥手段是主要作战指挥手段；体能是决定战争胜负的核心要素。

热兵器战争时期，战争呈现为人据火枪火炮的火力格斗，火枪火炮是战场的主角，在步兵、骑兵的基础上，炮兵、工兵成为新的主要作战兵种；主要作战指挥手段仍然是旌旗、金、鼓等手工式指挥手段；火药能是决定战争胜负的核心要素。

机械化战争时期，战争呈现为人操作飞机、坦克、舰艇的焦土覆盖，飞机、坦克、舰艇等机械化武器装备是战场的主角，在步兵、炮兵的基础上，雷达兵、坦克兵、空军、海军等新军兵种成为战场的主要作战军兵种；主要作战指挥手段是有线电、无线电；"物理能＋化学能"成为决定战争胜负的核心要素。

信息化战争时期，战争呈现为信息主导下的火力主战，精确制导武器与嵌有信息化模块的大型武器平台是战场的主角，在陆、海、空等军兵种的基础上，电子对抗兵、陆军航空兵、网军、太空军等新质新域作战力量日益成为主要作战军兵种；主要作战指挥手段是基于网络信息体系的指挥信息系统；信息能成为决定战争胜负的核心要素。

智能化战争时期，战争呈现为智能主导下的机器与机器之间的钢铁碰撞，无人作战平台是战场的主角，无人作战部队是主要作战军兵种；智能化指挥信息系统是主要作战指挥手段；智能成为决定战争胜负的核心要素。

从冷兵器战争到热兵器战争，新增了火枪、火炮等武器装备和炮兵、工兵兵种，但冷兵器、步兵、骑兵并未从战争舞台上彻底消失；火药只是替代体能成为制胜战争的核心要素，但并非否认人的体能的作用。没有人的体能的支撑，火枪、火炮发挥不了任何作用，也难以展开相应战斗队形（"冷兵器居前、火器居后"的兵力部署与"先鸟铳、次快枪、次火箭"层次打击在一定时间内共同存在）。

从热兵器战争到机械化战争，新增了飞机、坦克、舰艇等大型武器平台和装甲兵、雷达兵、海军、空军等新军兵种，但是枪、炮、步兵、炮兵、工兵并未从战争舞台上彻底消失；"机械能＋热能"只是替代"体能＋火药能"成为制胜战争的核心要素，但并非否认"体能＋火药能"的本身作用；作战指挥手段只是新增有线电、无线电，并未否认旌旗、金、鼓等手工式指挥手段的作用。

从机械化战争到信息化战争，新增了信息化武器平台和陆航、电子对抗、网天等新军兵种，但原来的兵种也未退出战争的舞台；信息成为主导战争胜负的核心要素，但并非否认"体能＋机械能＋热能"的作用，实际上只是在原来硬杀伤机理的基础上新增软杀伤；作战指挥手段只是新增指挥信息系统，有线电、无线电、喇叭仍然在作战指挥中发挥着重要作用。

同样，从信息化战争到智能化战争，新增了无人作战平台和无人作战部队，但并不是对信息化武器装备的否认，而是对信息化武器装备的升级；智能成为制胜战争的主要因素，并不否认信息在作战中的连通作用。

总之，战争形态演变和作战指挥发展的过程，不是非此即彼的替代过程，而是在原作战维度基础上不断增加新的作战维度的过程，并且新的作战维度较之原来的作战维度对于制胜战争更加重要。在作战维度递增过程中，原来作战维度的地位虽然被新的作战维度替代，但通常不会消失，仍然是支撑作战体系运转的重要构成。也就是说，战争形态演变和作战指挥发展的过程中，作战维度只会越来越多，不会越来越少，新的作战维度只会比旧的作战维度更加高阶。这种增阶的过程是单向的，被替代的作战维度通常不会重新成为制胜战争的决定性因素。

二、进入新的战争形态与作战指挥时期，旧的战争形态与作战指挥仍然存在、仍然可用

前文已经阐述与论证了战争形态演变和作战指挥发展的过程，其实是作战维度不断递增的过程。用一组数学公式表达是：旧的战争形态与作战指挥＋新的作战维度＝新的战争形态与作战指挥。也就是说，旧的战争形态与作战指挥不是消失了，而是被新的作战维度的"光芒"所掩盖。

当历史的车轮进入新的战争形态与作战指挥时期，只是表明时代有了新的方式、新的手段、新的能力，至于战争与作战指挥实践中到底是否使用这种新的方式、手段和能力则根据需要确定。换句话说，战争实践中指挥员尤其是战略指挥员，要根据政治策略、作战目的、作战实力确定作战手段，并非直接使用最高梯阶的武器装备和最高等级的交战方式。从某种程度上讲，这也是考察战略决策者的战争风险化解和控制能力。

三、尽可能实现对作战对手的降维打击与战争维度非对称作战是作战指挥的重要目标

从战争形态演变的单向增维过程和几千年的战争实践来看，旧的战争形态与新的战争形态之间有一个代差。与之相对应，高阶的作战和指挥方式对低阶的作战和指挥方式具有碾压性优势。从一般意义上讲，低阶方与高阶方交战的过程就是被高阶方虐杀的过程。

科索沃战争、阿富汗战争、伊拉克战争，在主体军事行动

阶段，美军之所以能够打得如此"畅快"，从根本上看就是因为双方进行的是一场战争维度非对称性交战，是信息化战争形态对机械化战争形态的"降服"过程。

因此，为尽快达成作战目的，以最小代价赢得最大胜利，实现军事效应最大化，作战双方无不极其渴望剥夺作战对手的高阶作战能力，与作战对手进行战争维度非对称作战。当然，也正是因为新的战争维度是决定战争胜负的第一要素，所以通常它也是作战双方争夺与对抗的焦点。

比如，机械化战争时期，适应火力主战这一战争制胜机理，为争夺制空权、制海权，机场、港口、防空阵地是首批重点打击目标；信息化战争时期，适应信息主导这一战争制胜机理，为争夺制信息权，指挥中心、通信枢纽和网络节点是首批重点打击目标。

从某种意义上讲，争夺制空权、制信息权、制天权的过程，就是对作战对手实施降维打击与避免被对手降维打击的过程。谁能取得高阶战争维度的优势，谁就能赢得制胜战争的主动权。无论处于何种战争形态，作为能够真正理解战争制胜机理的指挥员，通常都会把降维打击行动作为重中之重筹划指挥，都会把赢得对敌战争维度非对称优势作为重要目标。

理解了加法，就会了减法。梳理战争形态演变和作战指挥的发展脉络，抽取和理解其演变发展的公式，就自然理解战争制胜的决定性变量。简单地讲，新增什么，什么对制胜战争就最重要；什么对制胜战争最重要，就打什么。既然战争形态和作战指挥不断增维，降维打击必然是核心作战行动，是作战指挥的重点。

"混合 +"式作战指挥

有什么样的战争，就要有什么样的作战指挥。不了解战争的面貌，就不能妄论作战指挥；作战指挥必须与战争的面貌相适应。

但问题的关键是，现代的战争到底是什么样的战争？未来的战争到底又是什么样的战争？现代是当下的时代。未来是一个可长可短的概念，短到下一秒，远到看不到尽头。未来是现在的未来，现在是未来的现在。认清现在有利于把握未来。当前，战争形态已经并将继续深度进入"混合战争 +"时代，作战指挥也相应进入"混合 +"式作战指挥阶段。

"混合战争"是指传统战争与非传统战争的融合存在。

早在 1990 年，"混合战争"一词就在托马斯·莫凯蒂斯的专著《后帝国时代的英国平叛》中出现了。2005 年 9 月，詹姆斯·马蒂斯将军在一次国防论坛上发表关于"混合战争"的演讲；同年 11 月，马蒂斯和霍夫曼发表一篇关于"混合战争"的论文；2007 年 12 月，霍夫曼在专著《21 世纪冲突：混合战争的兴起》中对"混合战争"进行详细定义和阐述，将"混合战争"概念推向公众，在美国军界引起极大关注。之后，俄罗斯总参谋部兼国防部副部长格拉西莫夫对"混合战争"概念极为推崇，督促俄军使用军事、科技、媒体、政治和情报多管齐下的"混合战争"战术，并在实战中将这一概念演绎运用和推广完善。

　　"混合战争"主要有四个典型特征：一是战争形态混合模糊，二是作战对手混合多元，三是作战手段混合多样，四是作战力量混合多能。

　　如果仅从表面来看，似乎这四个特征在以往战争中也同样存在。

　　的确，战争从来都是政治、经济、外交、军事等多种因素的混合，从来都是多种作战手段的运用，从来都是不同梯阶战争形态共同存在的战争。从这个角度讲，战争从来都是混合的。当前，战争已进入"混合+"时代！适应战争形态的变化，作战指挥也已进入"混合+"时代！

一、"混合+"与"混合"的最大区别是军事手段与非军事手段在制胜战争中的角色地位发生根本性转变

　　战争是国家与国家、阶级与阶级、政治团体与政治团体之间的暴力行为。既然战争的行为主体是国家、阶级、政治团体，战争就不再是单纯的军事行动，就必然涉及政治、外交、经济、军事等多种因素，是两个阵营之间的综合较量。对此，早在2500年前，我们的老祖宗孙武就以"上兵伐谋，其次伐交，其次伐兵，其下攻城"[1]"衢地则合交"[2]"不争天下之争，不养天下之权，信己之私"[3]"用兵之法，驰车千驷，革车千乘，带甲

1　骈宇骞等译注：《武经七书》，北京：中华书局，2020年，第20页。

2　骈宇骞等译注：《武经七书》，北京：中华书局，2020年，第80页。

3　骈宇骞等译注：《武经七书》，北京：中华书局，2020年，第92页。

十万，千里馈粮"[1]等，反映战争涉及政治、经济、外交、军事等多种因素的混合作用。

之所以现在将战争手段的"混合性"突出体现，主要有以下原因：

一是使用作战手段的种类比以往更加多样。现在的战争不仅涉及政治战、经济战、外交战、军事战，还涉及科技战、金融战、贸易战、网络战、认知战、法律战、舆论战、心理战……即影响战争制胜的因素更加多样。

二是军事手段与非军事手段对战争胜败的作用发生转变。以往战争中，虽然政治、经济、外交也对战争胜败产生影响，但发挥的是支撑和保障作用，起决定作用的还是战场上的武装力量，军事力量是战争前台的主角，其他因素都是战争后台的配角。但现代战争则完全不同，战争不仅呈现为双方武装集团之间的暴力对抗，也呈现为舆论、金融、科技、贸易等各个领域相互打压、相互撕裂，并且这些领域的"交战"结果会直接影响战争进程和胜败。换句话讲，战争不再是武装力量主导的独角戏，而是各个手段、各个战场互为配合、相互影响、共同作用的"大联欢"。非军事手段不再是战争后台的配角，而是与军事手段"平起平坐"的主演。

与之相适应，对于作战指挥尤其是战略指挥来讲，"混合+"式作战指挥的对象不仅包括军事力量手段及其主导的军事行动，也包括非军事力量手段及其主导的非军事行动。并且，非军事力量手段及其主导的非军事行动作战指挥的重要性，丝毫不亚

1　骈宇骞等译注：《武经七书》，北京：中华书局，2020年，第12页。

于军事力量手段及其主导的军事行动作战指挥的重要性；非军事力量手段及其主导的非军事行动的作战指挥需求与压力，丝毫不小于军事力量手段及其主导的军事行动的作战指挥需求与压力。作为战略指挥员，要统筹兼顾军事战场与各个非军事战场，要协调运用军事力量与各种非军事力量，要一体筹划和协调控制军事行动与其他非军事行动。

二、军事手段与非军事手段在制胜战争中角色地位的根本性转变，造成战与非战状态灰色模糊，这是"混合+"与"混合"的又一重大区别

冷兵器战争时期，刀光剑影是确定战争状态与非战争状态的主要标志；热兵器、机械化和信息化战争初期，炮火硝烟是确定战争状态与非战争状态的主要标志。一句话，两国交兵是战争与非战争状态的分界线。

也正是因为战争这种轰轰烈烈、堂堂之正的仪式感，使过去我们可以非常轻松准确地区分战争状态与非战争状态。

但现代战争作战手段由军事手段向非军事手段拓展，交战双方往往在军事行动发起前，就已经在贸易、科技、金融、舆论、外交、法律等领域不宣而战。由于这些非军事战争行为没有炮火硝烟的礼炮，不像传统战争外貌那样暴力血腥，我们很难确定两国之间是否交战，很难确定战争的准确发起时间。

尤其是对于治理能力较弱、对外过度依赖的一方，另一方完全可以通过切断能源供给、封锁贸易往来、制裁核心科技、瘫痪金融系统、扰乱民生秩序、发动颜色革命等，直接摧毁其

抵抗意志，迫使其服从另一方意志。

这种状态是战争状态还是非战争状态？

也许有人说，这种状态不算战争，已超出战争的原始范畴：
"战争是迫使敌人服从我们意志的一种暴力行为"[1]。显然这种
观点的基点是非军事行为，不是暴力行为。

这里的"混合＋"一定程度上是对战与非战之间灰色状态
的描述，是对新的更权威的概念出现前的临时补位。与这种灰
色模糊状态相适应，作战指挥的状态也呈现出灰色模糊。比如，
难以确定战争发起时间和结束时间，甚至对到底是作战指挥状
态和平时指挥状态都难以确定。

三、多种战争形态迭代交织是"混合＋"战争的另一典型特征，"混合＋"式作战指挥是适应多种战争形态的作战指挥

虽然我们已经习惯于简单地将战争形态划分为冷兵器战争、
热兵器战争、机械化战争、信息化战争和智能化战争，但战争
形态的演变绝不是一个逐次替换的过程。高阶战争形态中始终
蕴含着低阶战争形态。

打开任何一段战争史，在高阶战争形态时期，低阶战争形
态的战争和作战方式一直存在。相比低价战争形态，高阶战争
形态为交战双方实施军事行动的规模、层次和方式提供了更多
选项。

1　［德］克劳塞维茨：《战争论》（第一卷），北京：解放军出版社，
2004 年，第 4 页。

指挥之道

从一般意义上看，为了更快、更大效益地达成作战目的，交战双方不仅平时竭尽所能追求武器装备杀伤力的最大化，而且战时通常也会毫无保留地拿出最高规格的重器，进而使作战方式和最高战争形态基本保持一致。即以往战争的混合性没有那么明显。

核武器出现后，其惊人的毁灭力不仅成为悬挂于整个人类头顶的达摩克利斯之剑，也慑止交战双方不敢轻易将之运用于战场。

战争形态的车轮进入信息化战争时期，精确制导武器广泛运用于战场。较之机械化战争，虽然战争规模有所缩小，但战争成本高歌猛进，作战体系内部结构更加复杂，战争形态的门槛骤然提高。纵观世界范围内的各国军队，信息化建设水平参差不齐，军事实力相差甚远，作战能力对国家综合国力的依赖性更高。

对于小国、弱国，根本打不了也打不起信息化战争；对于大国、强国，虽然具备打信息化战争的能力，但信息化战争的高昂成本和核武器的惊人破坏力，使其围绕"究竟将战争形态推向什么高度"这一问题不得不思虑再三。

如果是与小国、弱国并且没有核武库的国家交战，大国、强国既有可能为缩小战争成本，降低战争形态的梯阶，采用机械化作战方式，也有可能为快速达成作战目的，以信息化作战对机械化作战实施非对称碾压；如果是两个大国、强国或具有核武库的国家交战，为防止战争规模无限升级和战局失控，两国会在综合评估战略目标价值和战争风险大小的基础上决定战争的梯阶。

如此一来，战争既有可能是高端战争之间的颠覆对决，也有可能是高维战争对低维战争的非对称斩杀，还有可能是低维战争对低维战争的有限冲突。一句话，战争形态的混合性突显。

随着人工智能和无人机技术的快速发展和广泛普及，无人潜航器、无人飞行器、无人战车等新一代武器装备正在将战争形态推进智能化时代。无人作战平台的可触及技术和低成本，为交战方达成作战目标提供了另一种可供选择的作战方式，战争形态更加混合。

因此，如果说以前的战争形态本身就具有"混合"性，那么现在的战争形态呈现"混合 +"性。"混合 +"体现在作战指挥上，主要表现为：不仅要有机械化指挥手段，也要有信息化指挥手段，还要尽快发展智能化指挥手段；不仅要能够指挥飞机空战、舰艇海战、坦克陆战等机械化作战，也要能够指挥网络战、电磁战、认知战、太空战等信息化作战，还要能够指挥蜂群战、算法战、意识战等智能化作战，更要做好指挥核战争和生物战争的准备。

四、网络、大数据、云计算、元宇宙的聚联融合作用使整个作战体系高度聚合，"混合 +"式作战指挥对新兴科技的依赖性、融合性更强

从物理空间看，机械化战争之前，由于信息网络技术不够发达，飞机、坦克、火炮、装甲车和作战人员等基本是毫无相关的独立分散实体；随着信息技术的高速发展，武器装备的信息化程度提高，战场信息网络日益完善，作战单元与作战单元之间、武器装备与武器装备之间、作战人员与作战人员之间虽然物理上异地分布，但通过战场信息网络融为一体。

从作战指挥活动看，机械化战争和信息化战争初期，分析判断情况、定下作战决心、组织作战筹划、实施指挥控制等作战指挥活动主要依托过往经验，采用人工和电子化作业方式；现代战争，可以基于大数据和云计算的筛查分析和强大计算能力，通过纵向关联比对历史数据和现实情况，横向融合分析整个战场情况，实施战场态势研判，作战任务规划和行动协同控制。此外，虚拟现实技术和增强现实技术打通了现实世界与虚拟世界交互链接的"时空隧道"，为还原真实战场、创设逼真战场和混乱现实战场提供了可能，作战指挥环境真真假假、假假真真、真假融合。

总之，网络、大数据、云计算等新兴信息技术已经成为这个时代的标签，烙印到社会各个领域的角角落落，战争与作战指挥也不例外。"混合＋"式作战指挥中的"＋"，一定程度上指的就是作战指挥的"科技＋"因素。当然，在这些新型科学技术的支撑下，不仅作战力量之间交互性更强，战场环境之间融合性更强，而且作战指挥活动与作战行动贴合更紧，作战指挥与战场实际吻合度更高。

每个时代有每个时代的特点，时代的特点就是战争的标签。时代的年轮走到今天，战争呈现"混合＋"不可逆转。作战指挥本身无意于拓展新概念，只是应战争之变，识变而为，顺变而变。

完全不一样的作战指挥

人类社会进步史与战争形态演变史共同证明，当科学技术发展到一定程度，社会形态与战争形态就不以人的主观意志为转移地发生变革了。当前，人工智能技术、生物技术、脑机接口技术、空间技术、新能源技术、新材料技术等新兴技术群体突破、融合发展、交织发力，在推动战争形态、作战样式、作战行动发生革命性变化的同时，必将引发新一轮作战指挥变革。并且可以大胆预测，与历史上前几次变革相比，这次变革绝对不是局部优化，也不是隔靴搔痒，而是对作战指挥主体、作战指挥对象、作战指挥信息、作战指挥手段、作战指挥方式等全方位、深层次的革命性变化。

一、作战指挥主体：指令发放者不一定是指挥员

作战指挥主体是指挥信息的生成者和发出者，是协调控制战场千军万马，确保作战行动沿预定轨道实现作战企图的力量主体。从表现形式上看，既有可能是要素完备、体系运转的指挥机构，也有可能是独立实施作战指挥的指挥员个体。其中，指挥机构又包括指挥员、指挥机关人员和指挥保障人员，指挥员是整个指挥机构的核心，指挥机关人员辅助指挥员决策，指挥保障人员支撑指挥机构运转。一句话，作战指挥的主体归根到底是人，作战指挥离不开人的参与，人的智能是支撑作战指挥主体运转的核心因素。

随着计算机感知、知识图谱、人机交互和深度学习技术的

融合发展，人们得以实现对人类自然智能的生产与物化，人类智能不再是人类区别其他物种的专属，人工智能完全可以胜任原来只有人才能完成的高级复杂的思维工作。

即未来作战指挥机构内，大量具有人工智能的机器人将会替代指挥机关人员、指挥保障人员甚至指挥员，承担战场情况分析研判、作战决策、作战任务规划、指挥控制等作战指挥任务，作战指挥活动不再是指挥员的独角戏，而是人与机器人共舞的"双簧"，机器人将深度参与作战指挥活动。未来的作战指挥活动不再是人对物（武器装备）的单向指挥，物（机器人）也可以指挥人（有生力量）。

二、指挥员：增强大脑和一人千面、千人一面

无论历史时空如何迁移，无论战争形态如何演变，指挥员始终是作战指挥活动的主体，是导控战场物质流、信息流、能量流的开关与总阀门，是决定作战进程和作战态势走向的总舵手，是左右战争天平的支撑梁，是整个作战体系的主心骨，是凝聚作战意志的定盘星。

"将在谋而不在勇。"指挥员的决定性作用不是冲锋陷阵，而是筹划指导战争。筹划指导作战的水平又主要取决于指挥员谋略智慧的高低，取决于指挥员大脑储备的知识、智力水平和思维方式。

随着脑机接口技术的日益成熟，机器与人脑之间信息通联指日可待。届时，指挥员的大脑被植入芯片后，机器不仅可以读取指挥员的信仰、思维、情绪和意念，还可以向指挥员的大

脑输入知识、嫁接算法、增赋情感。指挥员的知识储备、分析能力、决策水平不再局限于指挥员自身的"生物脑"，而且与外联的"机器脑"息息相关。

未来作战筹划的过程中，"机器脑"可以填补指挥员的知识漏洞，提高指挥员的分析能力，加速指挥员的思维运转，增强指挥员的意志情感，支撑指挥员作战决策和指挥控制。

任何事物都有两面性，脑机接口技术在打通机器与大脑两元世界的同时，也给大脑遭受机器攻击埋下了缺口。一旦介入大脑与机器脑的通信链路，通过发射脑电波（脑病毒）就可以枯竭指挥员的知识储备，损坏指挥员的大脑结构，阻断指挥员的思维过程，干扰指挥员的指挥决策。因此，增强大脑不仅为了提升作战指挥能力，也为了提升大脑免遭攻击的防卫能力。

此外，为保卫指挥员大脑免遭攻击，古代神话中的"易容术"也有可能变成现实并被广泛运用。现代生物技术发展趋势表明，未来通过提取基因、组织培养，完全可能从实验室里生产制造出"人皮"。战场上，为隐蔽伪装、防止被定点清除，指挥员很有可能每天换一副面孔，千万将士也很有可能用一张面孔。届时，如何侦察辨别指挥员成为一个真正难题。

三、作战指挥对象：大量无人智能化武器装备和新概念武器将走向战场

结合近几年无人机、大狗机器人、无人潜航器等无人智能技术发展趋势，尤其现代战争中无人机大戏份、高基调的"精彩"出演，让我们不用刻意花费精力就能推测出：在不远的将来，

无人鸟群、无人鱼群、无人狼群等"小体形、群组式"编队的无人化智能化武器装备将会云集战场。这些携带高聚能炸药的"袖珍式"武器装备，不仅能够有效突破防御体系，而且能够释放惊人的杀伤力，让作战对手防不胜防。

当然，蜂群式武器装备的强势登场，并非说明大型武器装备将再无用武之地。不同的是，飞机不仅能够在空中飞行，而且可能会遨游太空，成为空天一体的航天战机；舰船不仅可以在水面劈波斩浪，而且可能会海底捞月，成为永不沉没的海洋战舰；战车不仅可以在陆地铁甲滚滚，而且可能会跶地腾空，成为能跑会跳的空地战车。

当然，武器装备的无人化、智能化并不意味着人将彻底隐居战争后台。不同的是，未来战场的战士不再是血肉之躯，而是披挂增强骨骼装备的钢铁机甲，不仅可以在陆、海、空多维空间自由切换机动模式，而且具备高精度、远距离察打一体能力和装甲防护功能。除此之外，人们现在视野认为的诸多新概念武器，将会从"概念"走向"现实"。

一是激光武器。如果从 1960 年首台激光器问世起算，那么人类对激光武器的探索已有 60 多年。半个多世纪以来，虽然美、苏（俄）、以色列等军事强国大肆炒作甚至不惜花费巨资研发，但由于现实需求没有那么紧迫，一直没有取得实质性突破，从某种程度上说，激光武器成为世界军事强国军备竞赛与恫吓弱小国家的一种噱头。随着小体形、大体量、低成本、高效益的无人机在战场上的广泛运用，无人机群作战备受青睐并且似乎成为一个无解之题。当一种新的武器装备问世时，制服它的克星也就在胎中孕育了。凭借高机动、高灵敏、高精度、低损耗的先天优势，激光武器成为反无人机群作战的不二选择。

二是电磁脉冲武器。随着埃龙·马斯克"星链计划"的逐步实施，4.2 万颗低轨道卫星将入轨飞行，如此一来太空高轨道卫星、低轨道卫星、高空战略侦察机、空中预警机、低空无人机将战场移动网络织得越来越密、越来越牢，企图通过打一点瘫一片已不太可能。为破解这一难题，通过炸药爆炸压缩磁通量方法产生高功率微波的电磁脉冲弹、电磁脉冲炮，可以大面积毁坏对方电子信息设备和遮断电磁信息流，从而达到瘫痪对方战略通信网、工信网和战场移动网。

三是基因武器。当前，蛋白质工程和基因工程技术手段不断成熟，在战略利益驱使下，战争一方极有可能突破战争法和人类伦理道德的底线，针对特定战略指挥员、特定种族的生物特征和遗传结构研制"变异病毒"，通过特工、无人蜂群、导弹、火炮、动物等媒介注入作战目标，改变作战目标基因编码，实现基因杀人的效果。

四是失能武器。为取得国际舆论与作战效果的双赢，未来失能武器（非致命性武器）将会广泛运用于战场。运用化学失能武器污染环境，使对手大脑迷离、器官中毒；运用电击失能武器释放高低电流，使对手皮肤灼伤、心肌受损；运用声光失能武器释放高强度声光，使对手眼睛致盲、耳朵失聪；运用射频失能武器发射激光、X 射线与微波，使对手武器装备核心部位受损……最终，通过这些非致命性伤害，使对手身体遭受摧残，武器无法使用，心理陷入焦虑，情绪失控分裂，迫使作战对手在情感上不愿战、意志上不敢战、生理与装备功能上不能战。

四、作战指挥信息：接收到的命令不一定是命令

如果说冷兵器战争是刀光剑影的肉体厮杀，机械化战争是钢铁洪流的物质对抗，信息化战争是信息主导的体系较量，那么未来的战争将是算法主导的智能博弈。

从"OODA"环的角度讲，当战争形态演变到机械化战争尤其是核武器的出现，武器装备的机动力与杀伤力已近峰值，"行动环"很难从量级上取得重大突破。因此，信息化战争时代信息感知力与处理力成为影响战争的关键，即"观察环"是决定整个"OODA"环运转效率的枢纽。

随着信息技术的日益成熟与快速普及，尤其是语音识别、图像识别、大数据、云计算和机器深度学习技术的融合发展，一方面，作战双方的信息感知力已很难拉开代差；另一方面，能够替代人类智能判断和决策的人工智能技术日益成熟，并被广泛应用于指挥决策活动。

如此一来，"判断环""决策环"在整个"OODA"环中的地位与分量更加突显，"判断""决策"成为作战双方角力的重点。作战双方，谁能破解对方的智能算法，谁能进入对方的"指挥链""决策环"，谁能把握对方指挥员的思维逻辑，谁就能在指挥对抗中赢得主动。

如果说一直以来战争就呈现为前台的有形物质对抗与后台的无形指挥博弈，那么未来的战争指挥将会成为一个新的作战域，指挥对抗将会从原来的幕后走向前台、从无形演变为有形，

原来物质对抗与指挥对抗两个战场的交锋将会融为一体。直接针对"作战指挥"实施的"指挥对抗战"，将与火力战、心理战、网络战等作战样式或作战行动一样，成为一种新的独立的作战样式或作战行动。

围绕"指挥对抗战"这一新的作战样式或作战行动，一方很有可能通过网络攻击、脑机控制、特工植入等方式进入另一方的指挥信息系统或控制其指挥员的思维逻辑，从而删增、篡改另一方指挥员的指挥指令或向另一方下达虚假错误指令，指挥信息鱼龙混杂、真假难辨，作战指挥的难度不仅体现在指挥决策本身，还体现在如何辨别上级指挥员的命令是否真实。如果说以往战场上自己打自己可能是误伤，未来战场上自己打自己很可能是被对手精心导演的常态。

五、作战指挥体系：军种联合型向作战要素融合性转变

从本义上讲，作战指挥体系是各级作战指挥机构按照作战指挥关系构成的有机整体；从底层看，作战指挥关系是对军队指挥领导体制与编成结构的具体反映。由于国情、军情不同，当前世界各国作战指挥体系千差万别。但即使如此，放眼世界，无论是美军的"总统—国防部长—参谋长联席会主席—战区总部司令"四级联合作战指挥体系，还是俄军的"总统—国防部长—总参谋部—联合战略司令部（军区机关）/独立兵种司令部—部队"五级作战指挥体系，本质上都是基于军种联合型的作战指挥体系，都是为了实现诸军种联合。之所以如此，是因为当前各国武装力量都是以军种形态划分与存在的。

当然，这种形态的形成不是主观的臆造。它具有复杂的历史经纬，是科学技术与武器装备发展推动的产物。

回顾军兵种家族的发展壮大史，当武器装备限制在陆战场时，只有兵种之别，没有军种之分；至 17 世纪中叶，当帆船舰队取代桨船舰队，海上机动能力提升后，海军作为一个独立的军种出现；当人类克服地球引力能够离开地面，尤其是飞机、飞艇、气球等飞行器广泛运用于作战后，第三个军种——空军得以迅速发展。一句话，这种存在形态主要是基于陆、海、空等作战力量活动的自然空间划分的。

客观地讲，这种存在形态在较长时间内有效适应和推动了战争形态的演变和作战样式的变革。当战争形态的车轮走到今天，诸军种一体化联合作战成为现代战争基本作战形式，"无战不联、无联不胜"成为大众共识的制胜铁律。

随着人工智能、云计算、新材料、新能源技术的融合发展，小型化、智能化、无人化、跨介质的飞行器将会云集战场，作战行动空天地一体，届时以军兵种划分武装力量明显已不符合时宜，以军兵种架构为支撑的作战指挥体系也将难以满足作战现实需要。

为适应智能自主协同、跨域一体作战要求，整个作战力量很有可能会被划分为侦察监视、指挥控制、火力打击、信息攻击、兵力突击、综合保障等作战要素族或作战功能簇。其中，各个作战要素族或作战功能簇包括若干功能相同的作战要素。平时，以要素族或功能簇的形态存在与建设；战时，根据任务需要，由战略、战役指挥机构从中抽组相应功能的作战要素模块化组合为作战任务单元；遂行任务过程中，作战单元内的各个要素通过智能交互匹配协议实现自组网、自协同，当某个要素功能受损后，其他类似功能要素自动感知入网。任务完成后，各作战要素归建。

如此一来，整个作战指挥体系从上到下为"战略指挥机构—战役全域一体化指挥机构—作战单元—作战要素"，即作战指挥体系呈现为基于作战要素融合的全域分布式体系结构。

六、作战指挥空间：宏观宇观微观三向极限拓展

根据人眼识别的颗粒度大小，整个空间范围大体可以划分为微、宏、宇三种尺度。微观，即分子、原子、细菌、病毒等颗粒度大小物质的活动空间，在不借助显微镜等仪器设备的情况下，人的肉眼看不到；宏观，与微观相对应，不涉及分子、原子、电子等内部结构，肉眼能见到的物体即为宏观；宇观，即宇宙空间。

从物理域角度讲，当前武器装备的大小与作战行动主要限制于宏观世界的陆、海、空等自然空间，作战指挥空间也主要限于宏观世界。

武器装备的触角延伸到哪里，作战指挥空间就拓展到哪里。

随着现代生物、人工智能、新材料、新能源、空天等科学技术在军事领域的转化应用，微生武器、无人隐身智能武器、太空武器等将会充斥战场，作战指挥空间在现有基础上将会极限拓展。

一是向宏观世界的非人类活动空间拓展。

指挥之道

在无人装备出现之前，虽然武器装备经过冷兵器、热兵器、机械化、信息化等几代演变，但概而观之，武器装备效能的发挥还离不开人的操作，人与武器装备相结合是作战效能生成与释放的基本形式。换句话讲，作战指挥空间其实就是人的活动空间，人无法到达与常态生存的地方，也是作战行动与作战指挥无法企及的地方。

随着无人智能控制、轻型隐身材料、超航电池技术在武器装备领域的综合集成，具备小体形、长续航和隐身性能的无人智能化武器装备，能够在人不参与的情况下，在极地、深海、狭小洞穴等原来人无法到达的空间独立遂行作战行动，作战指挥实现宏观世界无死角全覆盖。

二是向微观空间拓展。

其实，从近代物理与分子生物学兴起时，人类就已触及微观世界。并且通过对微观世界的认识与微观物质的运用，研制出生物武器与核武器。但由于两者的巨大破坏性，人们已经到了"谈生色变、谈核色变"的惊魂程度，并由此引发世界范围内对两类武器的抵制与禁用。

随着细胞工程、量子技术、芯片技术、基因编辑等前沿科技将物理域的颗粒度切割得越来越小，人类对微观世界物体的改造力和控制力增强，基因武器、DNA信号储存器、细胞刻刀、体内柔性机器人、核穿针等微小武器从神话走向现实，作战行动既有可能是针对指挥员体内某个器官、某个组织甚至某个细胞或某段基因编码的攻击行动，也可能是核化学元素的核反应过程，作战指挥活动表现为"攻击什么部位（编码）、什么时候攻击、用什么方式攻击、怎么进行攻击协同"或"什么元素进行反应、什么时间反应、采取什么方程式反应"的精准筹划与指挥控制过程，作战指挥空间向内渗透到人的体内、细胞、染色体或盛装核元素的"大米"炸弹与胶囊、颗粒。

三是向太空空间拓展。

一方面，凭借以上居下的高位优势，太空显然已经成为主导战争运行新的战略高地。而且在地球领土现有划分格局基本定型，企图通过公然大面积入侵他国重新瓜分世界领土已不太可能的情况下，太空必将并且已经俨然成为世界军事强国博弈对抗和竞相开垦的新型战略空间。

另一方面，从空间技术发展看，据前瞻产业研究院数据统计，全世界 2016 年共发射 223 颗航天器；2017 年航天发射 91 次，至少发射 473 颗航天器；2018 年航天发射 114 次，发射航天器 465 个；2019 年世界航天发射 101 次，发射航天器 400 多个；2020 年 5 月，马斯克将 60 颗卫星一次性送入太空，并计划 2027 年前在太空部署 4.2 万颗低轨道卫星。航天器如烟火般闪耀太空！

从空间力量发展看，2015 年 8 月，俄罗斯空军和空天防御军合并，组建俄罗斯空天军；2019 年 3 月，美国宣布重返月球，8 月建立太空军司令部；2020 年 9 月，美国第一支"太空部队"在卡塔尔完成部署；2022 年，美国国防部向太空研究领域拨款 276 亿美元，比 2020 年增幅高达 40%；2022 年 4 月，美国太空军司令部发布《太空司令部商业整合战略》……世界军事强国正在紧前推动太空力量体系化布局。

未来的战争，太空侦察、太空监视、太空通信、太空定位、太空导航、太空控制等将成为支撑作战体系运转的重要组成部分，定向能武器、反卫星导弹、航天飞船等太空武器成为武器装备家族的重要分支，太空基地、太空轨道、太空阵地等太空战场体系建设更加完备，轨道争夺、星体攻防、飞船逐鹿等太空作战行动叠错交织，作战指挥空间从蓝色地球向外拓展到无际宇宙。

七、作战指挥网络："物—生—人"三元互联，万物入网

战场网络支撑作战体系运转、作战体系通过战场网络聚能释能已成为时流愈显、不可逆转的巍然大势。但不同的网络节点和入网、组网方式，决定战场网络的具体内涵不同。以生命特征为划分标准，现实世界可以划分为人、其他生命体、非生命体三元世界。

剖析战场网络构成，当前的战场信息网络本质上是"互联网"主导的物联网，即非生命体网络。具体来说，信息化武器装备或嵌有信息化模块的武器装备通过信息化感知设备接入战场网络、构建战场网络。战场网络的规模、网络节点数量、耦合度取决于信息化武器装备的数量与信息化设备技术性能和技术体制的兼容性。

当然，这并非说人没有在战场信息网络之内，只不过人（指挥员、武器装备操作手）是通过信息化武器装备或指挥信息系统入网，即人是间接入网，不是直接入网。即从本质上，现在的战场信息网络与作战指挥网络还是物联网，是非生命体世界

的网络。

近几年来，脑机接口技术取得的重大实质性突破，将从根本上改变战场信息网络与作战指挥网络的总体格局与内涵构成。

2020 年 8 月，伊隆·马斯克的"神经连接"公司（Neuralink）宣布其 Link v 0.9 版可以植入人的大脑，像蓝牙耳机一样与手机相连。2021 年 4 月，马斯克展示了一个植入芯片的猴子通过意念玩乒乓球游戏。2022 年 3 月，英国《自然·通讯》表明丧失行动或说话能力的人可以使用脑机接口技术恢复交流。

这意味着，未来机器可以读取、存储、复制、控制动物与人的思维、情绪、感情和记忆。人既可以通过语言、意念、情绪控制千里之外被安装信息化设备的武器装备，也可以与被植入脑芯片的其他指战员、动物、植物等直接进行语言、意念、情绪的深度交互。

人机交互，脑机相连，物生相通，万物互联，以意控物！届时，所有作战元素都会得以入网，网络节点翻倍增加，整个战场和作战指挥网络将由现在单一维度、武器为主的物联网拓展为三元相通、包罗万象的万物网。

八、作战指挥手段：智能化指挥信息系统

智能化指挥信息系统与信息化指挥信息系统看起来只有两字之差，但智能化指挥信息系统绝非信息化指挥信息系统的简单升级，两者有质的区别与变化。

一是智能化指挥信息系统具备智能指挥功能。

如果从 20 世纪 50 年代的 C2（指挥与控制）起算，指挥信

息系统已经衍化了 70 多年。但很长时间以来,世界范围内指挥信息系统的信息处理功能主要体现在信息传输、储存、接收、显示和数据计算、信息检索、指挥作业等简要的信息处理上,即信息处理功能还停留在浅显层次上,还不具备信息深度分析、融合判断等真正意义上的辅助决策功能。

近几年来,随着大数据、云计算和人工智能等技术的交叉融合发展,具备智能感知、智能识别、智能判断、智能控制功能的系统逐渐在门禁管理、银行金融、交通管制等领域广泛运用。

一雨知夏,一叶知秋。处在智能技术向军事领域加速渗透蔓延的时空窗口,不远的未来指挥信息系统在具备现有指挥信息系统功能的基础上,必然能够实现自主感知获取战场信息、自主分析判断战场情况、自主进行作战决策、自主控制作战行动和自主战场临机处置。

二是智能化指挥信息系统能够与指挥员进行深度互动。

一方面,在人工智能技术的支撑下,智能化指挥信息系统不仅具备类脑功能,能够像指挥员一样独立进行作战筹划和作战控制,而且其决策质量和指挥能力可能丝毫不亚于指挥员,即指挥信息系统不再是指挥员的第三只手或无足轻重的附属品,而是地位平等、分工不同的"同事"。

另一方面,在脑机接口技术的支撑下,智能化指挥信息系统能够读取指挥员的思维方式、思维过程,理解指挥员的作战企图,与指挥员就战场情况、作战方案、作战计划进行交流互动和研讨,深度参与分析判断情况、拟制作战计划、定下作战决心、组织作战协同和调控作战行动等指挥活动。

三是智能化指挥信息系统指挥的是万物。

在"互联网+"主导的物联网支撑下，信息化指挥信息系统的指挥对象是有限的信息化武器装备。当脑机接口技术打通"人、生、物"三元世界壁垒后，在"三元"互联的战场网络支撑下，智能化指挥信息系统的指挥对象不再局限于信息化武器装备，而且包括嵌有信息化模块的其他作战物资和被植入大脑芯片的指战员与动植物。指挥员可以根据作战需要，精准指挥到单个入网节点（武器装备、设备物资和被赋予作战任务的宠物等），入网万物都在智能化指挥信息系统的感知和指挥控制范围之内。

四是智能化指挥信息系统的指挥能力跨级提升。

结构重组必然促成功能嬗变。智能化指挥信息系统支撑技术、运行机理、工作模式的革命性变化，带来的是指挥信息系统带宽、速率、格式、安全、稳定等性能全方位、跨量级的提升。

在信息化指挥信息系统的支撑下，指挥跨度达到十几个、几十个；在智能化指挥信息系统的支撑下，一个指挥员就可以指挥几百甚至成千上万个无人机。

在信息化指挥信息系统的支撑下，一场精心筹划的斩首行动的指挥周期可能快则需要十几分钟或几分钟；在智能化指挥信息系统的支撑下，战术级作战行动的"OODA"环普遍可以缩短至分秒级。

在信息化指挥信息系统的支撑下，指挥信息从发出到接收的过程中，被截流和污染的风险很大；在智能化指挥信息系统的支撑下，观察、判断、决策、行动等各个环节末端聚合、闭环运转，察打一体武器装备和战术级作战行动内部的信息流转更加稳定可靠。

九、作战指挥关系：更加松散动态组合

作战指挥关系是对各级各类作战力量职责、权限及相互关系的具体规定，是确保指挥运行稳定和作战体系高效顺畅转运的保证。

当前，从分类上看，作战力量之间的指挥关系平时表现为隶属、配属和支援关系，战时表现为作战指挥、作战控制、作战支援或作战指导等类型。平时，两个单位之间的指挥关系一般在上级机构进行力量结构规划调整时已经明确；战时，两个单位之间的指挥关系一般由上级指挥机构在作战筹划阶段予以明确，遂行任务过程中没有上级指挥机构的变更通常严格执行、不得变更，任务完成后由上级指挥机构决定终止、解除或变更作战指挥关系。

即现在意义上的作战指挥关系是在行政权或指挥权的"操纵"下形成的，是相对固定的。没有行政权或指挥权的外力干预，作战指挥关系不会轻易改变。

决定这种作战指挥关系存在模式的根本原因是，战场感知汇集于作战指挥机构，分析判断情况依赖于作战指挥机构，赋予任务、力量编组、行动控制、任务终止等一切作战指挥权集中于作战指挥机构。

随着作战指挥体系由军种联合型向作战要素融合性转变，平时，作战力量存在形态不再是军兵种家族支脉相连、盘根错节的"作战力量树"，而是模块化、开放型、可重组的"作战

资源池"；战时，根据作战需要，可以像"搭积木"一样从作战资源池中抽组功能不同若干作战要素，赋有智能指挥节点的各个作战要素之间能够根据自身职能不同，自主感知、柔性组网，组成任务作战单元。

在组网之前，这些作战要素之间没有天生的"隶属""配属""支援"关系；在组网之后，作战要素之间的作战指挥关系也不是一成不变的，在空天地一体化战场网络的支撑下，根据战场环境、战损状况、作战任务的变化，"任务体"可以灵活动态增加、减少、变更智能节点（作战力量），即指挥关系可以多次动态调整优化。任务完成后，各个作战要素重新回归到原来的要素集或功能簇中，临时构建的指挥关系终止。之后，根据新的作战任务，再次组建新的指挥关系。

这种松散动态指挥关系模式存在的根本原因是，赋有智能指挥节点的智能化武器装备或作战要素组成的作战单元之间，不仅能够自主感知战场情况，自主分析判断战场情况，自主作战决策，自主组织作战协同，自主进行战场控制，而且能够动态感知战场态势变化，适时调整变更作战任务和组织作战要素出网、入网。即作战指挥权不再是高度集中于作战指挥机构内的象牙塔，而是向作战指挥体系的末端——具有智能节点的任务体下沉，任务体可以自主调整作战指挥关系。

十、作战指挥方式：基于自主遂行任务的干预式指挥

从理论上讲，根据指挥职权分配与行使的集中程度，作战指挥方式可以划分为集中指挥与分散指挥；根据指挥职权流转

的层级，作战指挥方式可以划分为逐级指挥与越级指挥。

从实践上看，集中指挥与分散指挥相结合、逐级指挥与越级指挥相结合已经成为古今通用的金科玉律。但如果仅以这种大的颗粒度模糊概述作战指挥方式，显然又很难准确体现未来作战指挥方式的典型特征。

在不排除集中指挥与分散指挥相结合、逐级指挥与越级指挥相结合这一通用指挥范式的前提下，如果用一种更加准确的语句来描述未来的作战指挥方式，那就是"基于自主遂行任务的干预式指挥"。

这种指挥方式的具体呈现为：赋予任务、高度自主、适时干预。

赋予任务，即在智能化指挥信息系统的支撑下，战略或战役指挥机构通过分析判断情况，定下作战决心，抽组作战要素，构组作战单元，向智能体（作战单元）赋予作战任务，明确任务完成时限和遂行任务规则。

高度自主，即在遂行任务的过程中，智能体（作战单元）自主感知战场、自主分析判断、自主作战筹划、自主行动控制、自主效果评估、自主临机处置战场情况，完成任务后自主调整重组指挥关系。

适时干预，即在遂行任务过程中，智能体并非完全脱离指挥员或指挥机构的控制；恰恰相反，指挥员或指挥机构可以全程适时监控智能体的作战行动。当智能体出现故障导致作战指挥关系混乱、战场情况变化超出算法控制或作战行动偏离预定作战目标时，指挥员或指挥机构要通过重启备份智能体或远程输入调控指令，干预调整作战行动。

一句话，这种指挥方式既不是事前请示汇报型的人在回路中的作战指挥方式，也不是完全独立自主型的人在回路外的作战指挥方式，而是高度自主监督干预型的人在回路上的作战指挥方式。

历史证明，每一次科学技术取得重大进步时，都会引起战争形态、作战方式和制胜机理的深刻变革。

以一点而知全局，以现在而见未来！处在新一轮科技革命席卷如潮的滚滚大势，战争形态和作战样式正在发生一场惊天大巨变，作战指挥也正在发生一场霹雳大变革。

行动上的自觉源于理论上的清醒。适应未来战争，制胜未来战争，作战指挥必须要变，必须要主动变！

作战指挥变革洪流在奔腾，探索作战指挥变革正当时。

「第七章」
作战指挥价值论

纵观古今中外几千年的战争实践史，凡是输的一方，通常多多少少在指挥方面都能找到失败的原因；凡是胜的一方，通常都在指挥方面做得可圈可点。以少胜多、指挥若定、运筹帷幄、用兵如神、尾大不掉、兵不由将……更是从多个角度、正反两面反复证明了作战指挥的重要性。"三军不可夺帅也""将者知可以战，亦可知不可战也""统一指挥是战争的第一要事""指挥员是决定战争胜负的根本""千军易得，一将难求"……关于作战指挥重要性的语句描述俯拾皆是。

如果问作战指挥到底重不重要，相信没有人会说不。但如果继续深问：作战指挥为何这么重要？作战指挥的价值究竟体现在哪里？从理论上如何解释作战指挥的重要性与价值？似乎很少有人能够给出系统性、深层次的回答。本章尝试挖掘作战指挥发生作用的内在机理，从赋能、规序、锐气等角度解析作战指挥的价值所在。

指挥赋能

从物理学角度讲，战争表面上是人、武器装备等作战实体的拼杀，但本质是作战双方能量的对抗，只是不同的战争形态其具体表现形式有所不同。

冷兵器战争时期，战争对抗的实体是人与冷兵器的结合体，对抗的本质是体能与技能；热兵器战争时期，战争对抗的实体是人与火器的结合体，对抗的本质是体能、技能与化学能；机械化战争时期，战争对抗的实体是人与坦克、飞机、大炮等机械化武器装备的结合体，对抗的本质是技能、化学能与机械能；信息化战争时期，战争对抗的实体是人与信息化武器装备的结合体，对抗的本质是技能、化学能、机械能与信息能……

如果从战争运行的底层窥视，一种作战要素在作战中能否发挥作用、发挥作用的大小，归根结底取决于其对整个作战体系能量贡献的大小。讲到这里，可能很多人会产生"作战指挥能够释放什么形式的能量？在作战体系的能量盘中怎么看不到作战指挥的份额？作战指挥对整个作战体系的能量释放究竟能够起到什么作用？"等的疑问。

与战争前台的对抗实体相比，作战指挥虽然看似没有直接释放体能、机械能、化学能、信息能，其作用大小可能也无法用"焦耳"等单位精确量化，但它是作战体系最重要的构成，是驱动战争机器运转最核心的动力。作战指挥不仅能够赋能，而且是对作战体系能量生成与释放贡献最大的因素。

指挥赋能的具体表现是，作战指挥以智能形式支配和实现其他能量的合理布局、优化耦合和最佳释放。

一、作战指挥是驱动战争机器运转的动力支撑

战争外在呈现为作战实体的前台有形对抗，内在呈现为作战指挥的后台无形较量。从一般意义上讲，指挥意图决定作战企图，指挥权限支配作战力量，指挥活动导控作战行动。

不考虑战略、战役、战术层级之分，指挥员、指挥机关组成的指挥机构是战争机器扳机的扣动者和战争机器运行的操作者，决定战争打不打、什么时候打、在哪里打、用什么力量打、怎么打、打到什么时候等；作战指挥活动是驱动、支撑、联动战争机器运转的动力、关键、纽带，决定作战任务如何分配、作战力量如何编组、作战阶段如何划分、作战行动如何设计、作战行动如何控制、作战进程如何衔接、作战态势如何发展等。

整个作战指挥先于作战行动开始，后于作战行动结束，贯穿作战行动全程。作战筹划生成作战方案，指挥控制实现作战方案，指挥活动服务与伴随作战行动的始终。作战指挥活动生成的指挥信息及其影响就像毛细血管一样渗透于作战体系的方方面面和作战行动的时时刻刻，是指挥信息将整个作战体系的各个构成要素联动、激活。

作战指挥是指向塔，没有作战指挥，作战目标就不明确，作战力量就是无头苍蝇，作战行动就是瞎子摸象；作战指挥是发令机，没有作战指挥，作战实体就没有作战任务，武器装备

就是不能开火的废铜烂铁；作战指挥是联动轴，没有作战指挥，作战行动就会横向拮抗，作战进程就会纵向脱节；作战指挥是凝心剂，没有作战指挥，作战力量就是一群乌合之众，作战体系就是一盘散沙，就形成不了合力。

二、作战指挥是实现以弱胜强的唯一逻辑

从矛盾运动的一般性讲，以强胜弱是事物运动发展的普遍逻辑，以弱胜强是违背一般规律的。但中外战争史上，的确又上演了很多以弱胜强的精彩战例，这种现象怎么解释？

原始战争早期，由于没有专职的指挥员及人们认识的局限性，通常会将其归结为神灵的庇佑或天意的使然。当指挥员从作战中剥离出来，专司主营作战指挥之后，尤其是随着人们对战争和军事研究的深入，人们逐渐认识到，除了直接实施作战行动的作战力量这一物质基础，"道、天、地、将、法"也是影响作战胜负的重要因素。

何谓道？道即道义。何谓天？天即天时。何谓地？地即地形。何谓将？将即指挥员。何谓法？法即组织管理和指挥体制。谁能令上下同心、君民同德？指挥员！

说到底，各级指挥员是战略统帅与一线士兵连接的纽带与桥梁，全军将士与民众对战争性质的认识、对战略意图的理解、对执行任务的笃定，很大程度上取决于指挥员的主观倾向与鼓动宣传。如何利用昼夜、寒暑、时制、地势高低、路程远近、战场宽窄等天时地利？谁能将天时地利条件与作战行动相结合？还是指挥员！

上知天时、下知地理的根本目的，说到底还是服务于作战指挥，指挥员对天时地利的理解与应用水平决定战场环境对作战行动的影响程度。"将"是作战指挥的主体。"法"是作战指挥的重要依托。即与将和法关联最深的也是作战指挥。

深层地讲，非作战实体的其他作战要素可以并且主要通过作战指挥作用于作战力量及其遂行的作战行动，作战指挥可以与作战实体直接发生能量交互，是影响作战实体生成与释放能量的方法、形式和效果最重要的因素。

当然，作战指挥不只是会产生"1+1 > 2"的协同效应，也会产生"1+1 = 2"的零和效应，还会产生"1+1 < 2"的拮抗效应。

对于交战双方，如果没有作战指挥这一因素的影响，或者作战指挥的影响基本等同，或者弱势方作战指挥产生的协同效应相比强势方产生的协同效应（也可能是拮抗效应）所形成的能量优势，小于弱势方相比强势方原来的能量差，那么原来的强势方还是强，原来的弱势方还是弱，强势方还会战胜弱势方，就不会产生"以弱胜强"。

如果弱势方作战指挥产生的协同效应相比强势方产生的协同效应（也可能是拮抗效应）所形成的能量优势，大于弱势方相比强势方原来的能量差，那么原来的弱就变成了新的强，原来的强就变成了新的弱，新的强就会战胜新的弱，这就是"以弱胜强"的逻辑所在。

也就是说，作战指挥不仅可以赋能，而且这种能量既可能是正能量，也可能是负能量。

历史上称得上善谋打仗的指挥员通过作战指挥通常会产生

较大协同效应（正能量），至少确保零和效应（零能量），绝不产生拮抗效应（负能量）。相反，作战实力强的一方最终兵败作战实力弱的一方之原因可能有很多，但指挥员不善指挥导致作战指挥产生协同效应（正能量）较小、产生拮抗效应（负能量）较大是不可忽视的重要因素。

一句话，只有强胜弱。如果说出现"以弱胜强"，指挥赋能就是唯一解释。

能够在战史上留下烙印的战争，能够被后世之人记起并赞叹唏嘘的战争，多是以少胜多、以小胜大的战争，因为它刷新了人们的普通认知；以大胜小、以多胜少的战争，也许其真实的历史足够辉煌，但人们很少会记起与夸谈其演绎的精彩。

三、指挥赋能的作用机理是通过智能支配与控制其他能量的生成与释放

无论战争形态如何演变，人始终是战争胜负的决定性因素。这是马克思主义历史唯物观坚信者的一般基本共识。但为什么人始终是战争胜负的决定性因素？人的决定性作用源自哪里？智能！

人相对于物的最大区别与最大优势就是人能产生不同于物的高级智能。并且，在能量的金字塔结构中，智能始终处于金字塔的顶层。这种顶层地位体现在，智能不仅比其他能量形式更加"稀有高贵"，而且对于其他能量的生成、分配与释放具有支配与控制作用。人分布于作战体系的各个要素之中，人产生的智能也作用与表现于各个作战要素。但相比其他作战要素，

指挥要素是作战体系的中枢与大脑，其核心职能就是围绕预定作战目标，支配与控制其他作战要素，按照统一的作战方案协调一致地进行作战行动。

智能的属性体现于支配和控制，指挥的职能在于支配和控制！如此一来，智能便找到释放其属性优势的天然乐土，作战指挥也找到完成其作战职能的最佳载体，智能属性与指挥职能实现完美结合。

信息流决定物质流，物质流决定能量流，而指挥员和指挥机关人员的知识、智力、思维方式及由此生成的智能又决定指挥信息流的生成与分配。即总体来看，各级指挥主体的智能决定整个作战体系的信息流、物质流、能量流的生成、走向、交互和释放。指挥机构对作战力量的控制，指挥活动对作战行动的导控是指挥赋能的具体表现，通过智能实现对其他形式能量的支配和控制是指挥赋能的内在机理。

近些年，随着人工智能技术的强势兴起与迅速发展，高级智能得以从人中分离并嵌入运用到各个作战要素之中。无论是战争前台的武器装备，还是战争后台的指挥机构，因实现智能化而呈现无人化的特征日益明显。如此一来，智能作为一种独立的能量形式也必然会被人们逐渐接受。

在找不到人的未来战争中，人的决定性作用归根结底源于智能的决定性作用。指挥赋能的过程，从底层讲是指挥人员通过利用智能进行作战筹划和作战控制，进而实现对其他形式能量的支配与调控。

没有作战指挥，就不可能有"以弱胜强"，战争的奥妙与奇迹多数可以从作战指挥中找到答案。但作战指挥不是违背事物发展的一般规律，而是通过主观能动性，更大程度地贴近规律，进而产生能量协同效应。

人的作用可以抽丝剥茧为智能的作用，人的智能可以生产制造为人工智能。智能不是智能化战争与智能化作战指挥的专属。智能存在于人类战争史的始终，始终是主导战争胜负的决定性因素。指挥赋能的作用机理是通过智能实现对其他形式能量的支配和控制。

指挥规序

理解作战秩序，首先需要理解秩序本身的含义。《现代汉语词典（第7版）》将"秩序"解释为"有条理、不混乱的情况"[1]。我们可以将"作战秩序"简单理解为作战体系有条理、有组织地正常运转的状态。

有序才能有效！正如杂乱无章的电子运动无法形成电流一样，任何事物的矛盾运动都要遵守一定的规则与秩序，否则就难以高效产生有效效能。军事领域也是如此，作战也要遵守一定的规则与秩序。从某种程度上讲，作战指挥的作用就是导控作战力量有条理、有组织地遂行作战行动和完成作战任务。

那么，怎么样才算有条理、有组织呢？或者说如何判定作战是否有序运转呢？

根据矛盾的对立统一法则，每产生一个问题，与之相应的

1　《现代汉语词典（第7版）》，北京：商务印书馆，2016年，第1691页。

答案就已经胎中孕育了。即使由于我们认识的局限性，未能马上发现这一答案，但其不以我们主观意志为转移而客观存在。

同样，对应一种战场态势，也理应存在一个或多个较为合理的作战方案，即使我们没有发现或找到这种作战方案，其也不以我们主观意志为转移而客观存在。

作战指挥的过程就是通过作战筹划与作战控制努力寻找并贴近这种作战方案进而实现作战方案的过程。

从作战指挥的专业角度理解，这种理应存在的作战方案是指作战力量应该如何编组与部署、作战行动如何协同与衔接、战术手段如何确定与运用的最佳策略（这种最佳策略可能不是唯一的）；从矛盾运动的角度理解，这种理应存在的作战方案是指作战要素、作战要素之间的关系、作战要素的矛盾运动应有的确定的最佳状态（这种状态可能不是唯一的）。

把各个作战要素调配回归至其应有的位置，将各个作战要素按照其应有的结构关系交互对接，使各个作战要素按照其应有的方式方法交互释能，推动作战行动按照其应有的逻辑关系衔接实施，是作战指挥活动理论上应该完成的任务与目标。当然，实践中，对表这种理想状态，绝大多数指挥员的作战指挥活动是一种无限趋近的过程。

如此一来，当实际作战方案与理想作战方案方向一致且差距较小，各个作战要素各归其位、各司其职时，整个作战体系就是有序运转；当实际作战方案与理想作战方案方向相悖或差距较大，各个作战要素杂乱无章、分散掣肘时，整个作战体系就是无序运转。

一言以蔽之，作战指挥的价值就是规正作战秩序，确保各个作战要素以应有的状态与方式发生交互，确保整个作战体系沿着预定轨道协调一致地运转与释能。

那么，作战指挥到底是怎么规范作战秩序的呢？或者说指挥规序是怎么具体体现的呢？

一、匹配遂行任务的应有手段与战法

任务决定需求，技术决定战术。完成什么样的任务就需要与之相适应的手段与战法。当作战任务明确时，结合能够调配使用的作战力量资源，理论上就存在与之相对应的最佳手段与使用方法。

比如，如果任务是杀伤敌有生力量，可能主要使用火力毁伤力量手段和地毯式轰炸战法；如果任务是精准斩首，可能主要使用精确制导与特种作战力量手段及引导打击战法；如果任务是威慑制衡，可能主要使用战略威慑与撒手锏力量手段和慑压抗反相结合战法；如果任务是夺要控制，可能主要使用快速突击力量和空地特一体战法。（上述例证只是为了说明完成什么样的作战任务，理论上就需要什么样的力量手段和战法，并不具备普遍参考意义。）

也许主观上我们没有认识到力量手段和战法与作战任务的匹配关系，但它是客观存在的。作战指挥规正作战秩序的体现之一就是在准确理解上级作战企图和作战任务的基础上，确定完成任务的力量手段和战法。现实中，由于作战力量手段的有限性与功能属性的显明性，对于多数指挥员来讲，正确确定使用何种力量手段应该难度不是太大，但正确确定力量手段的具体运用方法（战法）就没有那么容易了。作战指挥的价值就是尽可能地缩小主观战法与客观战法之间的偏差，使制定出的战法与应有战法更加贴合。

二、匹配作战力量的应有编组与部署

明白使用什么类型的力量手段是一回事，但具体如何使用力量手段则是另外一回事。

结构决定功能！同样的作战力量，不同的编组与部署方式，会产生截然不同的作战功效。仅从作战力量抽组角度讲，同样的力量编成，可以产生成千上万种编组方案。一种力量编组方案，在一定战场空间范围内，又可以产生千百种具体的兵力部署方案。如此推算，同样的参战力量会有完全不同的作战力量编组与部署方式，会产生完全不同的作战效能。

但在作战对象与作战条件一定的情况下，对应某一特定作战任务，从理论上也应存在一个最佳的兵力编组与部署方案。在过往作战指挥实践中，由于模拟仿真系统手段的局限性，作战指挥实践中我们不可能采用人工方式穷尽所有可能，然后再择优选择。

因此，通常依据作战与指挥原则，根据作战经验概观定性制订兵力使用方案。这种方式虽然没有那么精准，但对于深研作战指挥规律和具有丰富作战指挥实践经验的指挥员，基本能够确保不与理论上的最佳兵力使用方案产生较大矛盾冲突，基本能够确保兵力使用方案和制定的战法与理想方案不产生较大违和。

随着深度学习等人工智能技术在军事领域的广泛应用，辅助决策系统基于马尔科夫决策过程的作战规划功能会日益完善与增强，对应特定的作战任务，辅助决策系统会自动生成一个或多个静态策略求解算法，即最优兵力使用方案。如此一来，兵力使用的实际方案与兵力使用的应有方案就基本可以实现完全对应了。至此，作战指挥就得以促使作战体系各要素完全回归其应有的静态布势。

三、匹配作战行动的应有逻辑与控制

战争不是作战双方静态力量的比拼，而是作战双方的综合动态对抗。作战力量只是完成作战任务的物质基础，完成作战任务最终还是通过一系列的作战行动，因为作战力量蕴含的作战潜能需要通过遂行作战行动来释放。

同样的作战布势遂行不同的作战行动，作战效能会完全不同；同样的作战行动集沿循不同的逻辑设计，作战效能也会完全不同。但在其他条件一定的情况下，对应特定的作战布势，针对特定的作战对象，实现作战效能的最大化释放也应存在一个理想的作战行动集。这个作战行动集不仅应该包括各个作战力量应该在什么时间、什么地点采取什么行动，而且应该包括各个作战行动的先后逻辑关系与协同关系。仅从数学角度分析，假设有 20 个作战行动，就有 2432902008176640000 种排列组合方式，而一场战役的典型作战行动可能还不止 20 个！另外，每个作战行动内部又由多个作战行动构成。如此计算，作战行动

的排列组合方式还会成几何级数跃升。

由此可见，要想准确确定这个行动集其难度与复杂性可想而知，仅靠人工方式无异于天方夜谭。但截至目前，由于辅助决策手段的智能化水平还不是很高，世界范围内绝大多数指挥员实施作战指挥，主要是依据对战争与作战指挥活动的认知，结合战争实例、作战指挥经验和武器装备使用原则，规划设计作战行动。

即在近乎无限的可能性中，要靠指挥员的主观经验去把握！

此外，战争发起后，指挥员又需要根据战场伤亡的多少、自然环境的变化、社会环境的发酵，以及突发性、随机性、灰色性等不确定性因素的影响，动态调整后续作战行动。

换句话讲，在作战行动的规划设计和控制上，指挥员的发挥和活动空间实在太大了！天下之所以没有完全相同的战争与完全相同的作战指挥，不同的作战指挥之所以能够演绎完全不同的战争结局，作战指挥之所以如此玄妙，主要也是源于此。但即使如此、越是如此，越发突显作战指挥的重要性，作战指挥的价值就在于从过往胜败得失中取战争之法，从而保持作战行动"依法"有序运转。

当然，随着辅助决策系统智能化水平的提升，仿真推演出最优作战行动集也许真能变成现实，届时作战行动的逻辑顺序就真正完全理顺了。

同时，必须清醒地认识到，作战绝不是一个简单的数学问题，仅靠数学方法也许求解不到最优作战秩序，但不代表最优作战秩序不存在。作战指挥的价值就是尽力寻求最优解，规促作战力量最大程度地贴近最优解使用和作战行动最大程度地贴近最优解设计，确保作战体系运转有序顺畅。

指挥锐气

打仗需要一种气，这种气就是战斗精神。

战斗精神于人、国家、民族都是一件极其重要、极其珍贵的品质，是攻坚克难的重要法宝，是决定战争胜负的重要因素。

"三军可夺帅也，匹夫不可夺志。""世界上只有两种强大的力量，即刀枪和思想；从长远来看，刀枪总是被思想战胜的。"讲的也是战斗精神的重要性。

战斗精神是武器的锋刃，有之强之可削铁如泥，无之弱之则钝化无力；战斗精神是心理的防堤，筑之固之可坚如磐石，松之软之则溃败千里；战斗精神是无形无象无色无味的重要战斗力，是可紧可松可强可弱的战力增减器……

但是，战斗精神不是天生就有，不是时刻激昂，不会自然汇集，它需要于日常中培育、于沉睡时唤醒、于散乱时凝聚。指挥锐气是指作战指挥能够锐化战斗精神，战斗精神需要作战指挥锐化。

一、战斗精神需要指挥培育

冰冻三尺非一日之寒，滴水石穿非一日之功。战斗精神的生成与释放也是一个厚积薄发的过程。战斗精神培育犹如蓄水池蓄水，没有充足的蓄水量，水龙头开再大也流不出水。只有经过平时长时间、常态化的涵养、积累、孵化，增加战斗精神的储量，战时才可能形成火山喷涌、洪流天泻之势。

当然，战斗精神的培育受民族历史习性、社会文化土壤、日常教育引导等多种因素的影响。在这些诸多因素中，日常教育引导不仅是战斗精神培育的独立构成要素，而且又渗透影响着其他因素，具有很强的时空延展性、作用辐射性和程度可塑性，是战斗精神培育的最大变量。

日常教育引导的主要途径有军事训练、政治教育、日常管理等活动，而这些都离不开指挥者、管理者的组织筹划和参与，指挥管理发挥着举足轻重、无可替代的作用。具体来说，指挥管理对培育战斗精神的作用体现在三个方面：

一是指挥管理对战斗精神培育具有组织计划作用。

战斗精神培育是一个长期的系统工程，需要围绕明确的目标，制订详细的计划，依托具体的载体，分阶段按步骤有序实施。也许很多时候可能没有冠之战斗精神培育的名讳，但军队生来为战胜、军人生来为打赢，自古以来任何一支军队的中心工作都是备战打仗。理想信念教育、军人血性教育、作风纪律教育、行政管理教育等所有教育管理活动的最终目的，都是为了培塑军人的战斗精神。这些活动不是可有可无、可多可少、可紧可松、可好可差，而是战斗力生成不可缺少的一部分，已经以政治工作、管理工作的形式纳入年度工作计划。

二是指挥管理对战斗精神培育具有示范引领作用。

指挥管理者是一支军队的标杆和旗帜，指挥管理者的精神状态和言行举止对所属群体具有潜移默化的影响。指挥管理者自己做好了，被指挥者和被管理者会自觉效仿，政治教育和行政管理成效可以事半功倍；指挥管理者自己做不好，讲的道理再好，提的要求再多，政治教育也难以入心入脑，战斗精神也难以固根培元。

三是指挥管理对战斗精神培育具有牵线搭桥作用。

从管理学的角度看，各级指挥管理者是将战略意图落到实处的纽带和桥梁。教育管理的主题是什么、总体意图是什么、应该怎么理解等均需要指挥管理者去解读，教育管理的成效怎么样、战斗精神培育的效果怎么样，很大程度上取决于指挥管理者把"经"念得怎么样。

二、战斗精神需要指挥唤醒

战斗精神是一种非常奇妙的力量，当它沉睡时，它的力量载体犹如平和温顺的羔羊甚至行尸走肉，毫无战力，任人宰割；当它完全苏醒时，它的力量载体又犹如具有洪荒之力，能够形成气吞山河、开天辟地之势。

任何一个国家和民族的大多数民众，经过社会和家庭的国防教育，对于生他养他的热土都具有家国情怀，内心深处都蕴藏着一股为家国而战的不畏生死精神。

但由于长期处于和平环境，那股战斗精神通常属于尘封状态。在遭遇外来侵略时，有些国家缺乏抵抗意志甚至不战而降，不是因为这个国家或民族缺乏战斗精神，而是因为战斗精神没有从尘封状态被唤醒。

1840年鸦片战争之后，之所以中国沦为半殖民地半封建社会，之所以国家蒙辱、人民蒙难、文明蒙尘，主要原因就是缺少唤醒中国民众战斗精神的旗帜和力量。鲁迅、谭嗣同、李大钊等无数仁人志士奔走呐喊，就是为了唤醒国人的战斗精神。

"起来，不愿做奴隶的人们，把我们的血肉筑成我们新的长城……"正如《义勇军进行曲》唱的那样，中国共产党之所以能够救中国、能够领导中国，主要原因就是她唤醒了中国民众不甘做亡国奴和不畏生死、奋起抵抗的精神。

指挥员的作用之一就是适时觉察部队的精神状态，并根据作战需要将战斗意志彻底唤醒和激发，使部队保持无往而不胜的昂扬斗志。

对此，拜占帝国军事统帅贝利撒认为决定战争胜负的是精神上的勇气。军事巨人拿破仑曾这样描述自己激励部队士气的做法："不是部队的数量给军队带来了力量，而是忠诚和豪气给军队增添了斗志。""在战火中，我骑着马来到队伍前，高声喊道：举起你们的军旗吧！这个时刻终于来到了！只要这样一呼喊，法国士兵就会立即行动。"

再比如，南昌起义失败后，部队士气一落千丈，时任73团指导员陈毅同志这样激励部队斗志："南昌起义是失败了，南昌起义的失败不等于中国革命的失败。中国革命还是要成功的。我们大家要经得起失败局面的考验，在胜利发展的情况下，做英雄是容易的，在失败退却的局面下，做英雄就困难得多了。只有经过失败考验的英雄，才是真正的英雄。我们要做失败时的英雄。"[1]

1　粟裕：《粟裕战争回忆录》，北京：解放军出版社，1988年，第43页。

战斗精神的非物质属性决定，高低相间、张弛有度是战斗精神的本来面貌，任何一支军队都不可能始终保持亢奋状态，否则战斗精神就不再是战斗精神，优秀指挥员的正确做法是平时疏之于平缓、涵养于无声，战时聚勇于一呼、形势于惊雷。

三、战斗精神需要指挥凝聚

民族是人构成的民族，国家是人构成的国家，军队是人构成的军队。

说到底，战斗精神是人的战斗精神。物质及军队、民族、国家等"概念群体"是不会产生战斗精神的。群体的战斗精神是由每个个体的战斗精神组成的，是所有个体战斗精神共同作用的结果。

无论从科学技术发展水平看，还是从法律伦理看，除了医学需要，还没有实现也不允许对人实施意识和精神控制。即每个人都是一个独立的个体，拥有独立的主观意识和精神活动。

换句话讲，每个人战斗精神的结构组成、强弱大小、释放时机、释放地点、释放方式等都会不尽相同。

但是，战争不是单个人的个体较量，而是整个作战群体的综合对抗。战斗精神对战斗力的贡献力不是取决于哪一个人战斗精神的高低，而是取决于所有人战斗精神形成的合力。战斗精神释放的理想方式不是此起彼伏的交响曲，而是强弱一致的大和弦。

即使作战群体的每个人都是视死如归的真英雄、大豪杰，如果每个人的战斗精神不能同时达到最高峰值，也形成不了同频共振的排山之势；即使每个人的战斗精神在同一时间都非常高昂，但如果行动步调不一，作用方向不同，也形成不了作战合力。

作战指挥的作用就是通过指挥控制活动，激发尽可能多的战斗个体于同一时间、朝同一方向，将战斗精神释放到最高峰值，以形成战斗精神的最大合力。

那么，实际作战行动中，怎么实现凝聚战斗精神的目的呢？主要途径是作战行动指挥控制与战场政治动员的有效结合。一方面，围绕作战行动的作战目的和节奏进程，适时进行政治动员，确保战斗精神激发与释放时机的同一性和作用方向的同向性；另一方面，通过作战筹划和指挥控制，实现以物质流和力量流的流向、流速牵动控制精神流的流向、流速。

战争制胜的关键是合心合力，作战指挥的目的就是合心合力，通过作战指挥凝聚战斗精神的过程不仅是合心的过程，也是合力的过程。

当然，唤醒和凝聚战斗精神并非只能通过作战指挥实现，一面高高飘扬的军旗、一个前仆后继的场景、一首直击灵魂的音乐，都有可能瞬间把被感染人员的战斗精神打到最高值，使他们自发地迎着炮火、朝着同一个目标冲锋。但这显然不是事物的主要方面，更不是研究问题的初衷。如果把推动事物发展的主要矛盾归结于特定条件下发生超然作用且难以控制的偶然因素，研究工作就没有任何价值。

战争从来不是物质力量的单纯对抗，否则通过战前力量对比预知胜负，就可以消灭战争。

历史最能证明精神要素的价值和惊人作用，历史已经证明战斗精神不是纯粹的、不可为的、不可作用的象牙塔。

通过作战指挥掌握作战主动不仅体现在物质和行动层面，还体现在精神和思想层面。作战指挥对精神和思想作用的伟力，丝毫不亚于对物质和行动作用的伟力。

「后 记」

指挥创造历史

人民群众是历史的创造者，是推动社会变革的决定性力量。

但遗憾的是，历史文献对人民群众丰功伟业的着色笔墨与歌功颂德的溢美之词，往往与其产生的力量作用极不相称。历史文献中闪耀更多与更为闪耀的，往往是改变历史进程的风云会战和"导演"历史名战的旷世名将。

这不是历史的不公，而是历史记录者的偏好，是大众认知的普遍现象，符合主观对客观现实反映的一般规律……

古往今来，能够引起人们关注，在人们记忆中打下烙印的事物，必然是强烈地刺激或颠覆了人们的认知。如果与人们的普通认知与思维方式完全相同，人们不会关注它，更不会长时间地在人们认知中留存。

在5500多年人类文明史中，有历史文献统计记录的战争有14400多场。但在人类社会的历史长河中，发生的战争何止14400多场？可以肯定的是，历史上很多战争虽然曾经也血流山河，但因为过于平淡，被历史的流沙所沉没。在人们认知的历史中，可能连它的一席之地都没有。

另外，即使对于有历史文献记录的战争，人们真正能够叫出名字的战争能有几个？很多战争因为缺乏惊奇之处，很难引起人们的关注，在历史的长河中慢慢被人们遗忘。

必须承认，历史记录的战争，照亮历史的战争，多数都是不平凡的战争。能否载入历史的关键不在于是否打了胜仗，而在于是否打出了奇仗。

胜仗不一定胜在指挥，但奇仗必然是指挥的功绩。

换句话讲，一场战争如果没有指挥的魅力，这场战争就不会被人类记忆。凡是被后世广为传颂的战争，必然是充满指挥艺术的战争。

也许是名战成就了名将，也许是名将导演了名战，很多历史性会战改变了历史进程，多数历史转折都有名将的影子。

不夸张地讲，每一次世界格局大的改变，每一次历史进程大的转折，每一个帝国王朝的兴衰沉浮，往往都伴随有战争，都会上演几场让人拍案惊奇的经典名战，都会书写几本精彩绝伦的指挥"剧本"，都会突显几位呼啸历史风云的战场名将。

反过来看，作战指挥的活动舞台最为广阔，调动的是千军万马，身系的是万千生死，导控的是战争胜败，决定的是国家命运，搅动的是世界格局，演绎的是历史史诗……

从这个角度讲，如何强调作战指挥的重要性都不为过。同时，也正是因为作战指挥如此重要，伴随整个战争形态的演变史，从古至今，人们对作战指挥的研究探索从来没有停止。

纵观古今、横观中外，虽然出现了很多战功卓著、名垂青史的军事统帅和军事理论巨匠，留下了《孙子兵法》《战争论》《中国革命战争的战略问题》《论持久战》《国防论》《战略论》等诸多令世人惊叹不已的军事理论瑰宝，但从来没有人敢说已经把作战指挥之道全部搞明白，没有人夸谈能够完全参透作战指挥之奥妙。作战指挥以极其宽广和深厚的胸怀给世人留下了足够的发挥和研究空间。

回望眼，指挥挥舞战争之剑随历史一路走来；看未来，指挥驱动的战争机器必定还会熔铸新的历史。

我们历来爱好和平，从来没有也永远不会借助战争去开垦历史、创造未来。但历史的滚滚洪流中从来不乏战争的血腥与霸权主义的罪恶。

当今世界，霸权主义、强权政治、单边主义、逆全球化、经济危机、军事对抗等不安全因素交织发酵，国际力量格局和世界治理体系的结构性矛盾愈发突显，新旧秩序转换进入最激烈最关键的时刻，霸权主义和强权政治企图通过挥舞战争大棒再次榨取世界人们的劳动成果，企图通过武力强扭历史进程向前发展的原本方向，战争的火药桶随时可能被点燃……

我们不主动发起战争，并不意味战争不会来临；维护世界和平，保护人民利益，顺应历史大势，需要做好以战争应对战争、以战争消灭战争的准备。影响战争制胜的因素是多方面的，战争准备也是多方面的，在这诸多方面中作战指挥是无可替代的重要因素，是制胜战争活的灵魂……

听，历史的车轮在呼唤胜战之指挥！

看，指挥的利剑在渴望思想之滋养！

认识作战指挥的本质内涵、解析作战指挥的矛盾运动、澄清作战指挥的模糊认识、呈现作战指挥的客观实践、掌握作战指挥的方法逻辑、前瞻作战指挥的发展方向、提领作战指挥的价值机理……

从概念层、逻辑层、机理层，对作战指挥进行挖根溯源式起底，有助于指挥员深化指挥理论认知、丰厚指挥思想沃土，培塑指挥综合素养，也有助于以指挥优势赢得未来战争的作战胜势……

时代在向前，科技在发展，战争在演变，指挥在变革，对作战指挥的理论研究、理论挖掘、理论创新正在进行时……

2023 年 6 月于徐州